식량
주권

식량주권

지은이 | Peter M. Rosset
펴낸이 | 김성실
편집 | 박남주 · 천경호 · 오정원
교정 | 임효진
마케팅 | 이동준 · 이준경 · 이유진
디자인 · 편집 | (주)하람커뮤니케이션(02-322-5405)
인쇄 | 중앙 P&L(주)
제본 | 대흥제책
펴낸곳 | 시대의창
출판등록 | 제10-1756호(1999. 5. 11)

초판 1쇄 발행 | 2008년 11월 6일
초판 2쇄 발행 | 2008년 12월 22일

주소 | 121-816 서울시 마포구 동교동 113-81 4층
전화 | 편집부 (02) 335-6125, 영업부 (02) 335-6121
팩스 | (02) 325-5607
이메일 | sidaebooks@hanmail.net

ISBN 978-89-5940-130-7 (03300)
책값은 뒤표지에 있습니다.

식량주권

식량은 상품이 아니라 주권이다
왜 농업은 무역 대상에서 제외되어야 하는가

Food is
Different

Peter M. Rosset 지음 김영배 옮김

시대의창

대한민국 농민대표였고 비아 캄페시나 회원이었으며,

충분히 가능한 더 나은 세계를 위해 WTO에 맞서

2003년 9월 10일 멕시코 칸쿤에서 장렬히 희생한

이경해 열사에게 이 책을 바칩니다.

이경해를 위한 발라드

A Ballad for Lee Kyung Hae

〈이경해〉, 스테판 스미스 노래[1]

추석날 칸쿤에서 우리 곁을 떠나간
이경해에 대해 노래하려 한다네
그는 대한민국에서 홀연히 나타나
독사굴에 빠진 사람들을 구출했다네

드넓은 농토에서 탐스러운 열매들이 열리는 장주에서
철따라 눈과 서리가 내리는 산비탈 논밭에서
은행가들은 아무런 수확도 거둘 수 없다던 그 땅에서
그는 그 무엇과도 비교할 수 없는 수확을 거두어냈다네

쌀의 가치가 땅에 떨어진 바로 지금
그가 얻은 것이 널리널리 전파되도록
더 많은 사람들이 무리지어 그와 함께 땀 흘리며 살아가도록
농부의 땀방울이 얼마나 풍요로운지 배울 수 있도록

그러나 4분의 1 가격으로 바다 건너온 쌀의 홍수는
그를 무릎 꿇게 만들었고
20년 만에 300만 농민은 일자리를 잃게 되었으니
이경해 그 또한 머리를 움켜쥐게 되고 말았다네

그의 농토를 잃던 날, 그는 아내를 묻었으며
전국의 농민들이 자살을 택했다네
이제 더 이상 잃을 것이 없는 이경해는
더 이상 잃을 것이 없는 농민을 위한 목소리가 되기로 작정했다네

추석, 그의 농토를 빼앗은 은행가들이 모인 그날
이경해는 바리케이드를 넘어 자신의 삶을 불살랐다네
그의 자살 의식은 이 마지막 말을 남겼다네
'열 사람을 위해 한 사람이 죽는 것이,
매일 열 사람이 죽어나가는 것보다 낫다' 고

감사의 글

마리아 엘레나 마르티네즈, 니코 베르하겐, 라즈 파텔, 아나 데이타, 조지 네일러, 마크 웨이스브로, 마이클 코로이, 폴 니콜슨, 살마니 구타르, 누이스 헤르난데스 나바로, 자크스 베르테롯, 실비아 리베이로, 알베르토 고메즈, 파우스토 토레스, 조아오 페드로 스테딜레, 소피아 머피, 안드리아나 나쵸울라스, 알베르토 빌라레아, 제리 말도나도, 나디아 로마니를 포함하여 이 책이 나오기까지 초고를 읽고 조언을 아끼지 않았던 분들과 책에서 다루는 다양한 문제에 대해 함께 토론했던 모든 분들께 감사의 말씀을 전합니다.

이 책의 일부는 도덕과 국제정세에 관한 카네기협회의 글로벌 정책 혁신 프로젝트에 기고했던 저의 글들을 기반으로 하고 있으며, 당시 보고서에 실렸던 글은 록펠러 연구기금의 후원을 받았습니다.

저는 이경해 씨를 포함하여 많은 용감한 농민들과 농장 경영자, 소작농들에게서 이 글을 쓰기 위한 영감을 얻었습니다. 그들은 MST(브라질), UNORCA(멕시코), 가족농장전국연합(미국), 유럽농업

FOOD,
IS
DIFFERENT

협동회, 전국농민연대(한국), 전국여성농민회총연합(한국), FSPI(인도네시아), ATC(니카라과), 전국농민연합(캐나다), 저소득층연합회(태국), UNAC(모잠비크) 등 다양한 농민기구의 회원으로서 식량주권 확보를 위해 세계무역기구WTO와 자유무역에 대항하는 투쟁에 앞장서 왔습니다. 이 책은 멕시코의 사파티스타스에게서도 영감을 얻었습니다. 그는 1994년 1월 1일, 북미자유무역협정NAFTA가 발효되던 날 바스타의 눈물cry of Basta! 운동을 일으켰던 장본인입니다.

머리말을 대신하며

무역 대상에서 농업을 제외하라!

이 이야기는 이경해 자신의 이야기며, 2003년 9월 10일 멕시코 칸쿤에서 WTO에 대항하는 농민시위 중 바리케이드에 올라 장렬히 자결하기 전에 연설한 내용을 편집한 것이다.

저는 56세의 농민입니다. 세계농민연맹의 싸움에 큰 기대를 가시고 멀리 한국에서 왔으며 최선을 다해서 싸웠습니다. 그러나 저는 실패했고, 다른 많은 농민 지도자들도 실패했습니다. 제가 도대체 무엇을 더 할 수 있겠습니까?

우루과이라운드가 발효되자마자 한국의 농민들은 더 이상 우리의 운명이 우리 손에 달린 게 아니라는 사실을 깨달았습니다. 우리가 수백 년 동안 살아왔던 바로 그 땅이 철저히 파괴되는 광경 앞에서 우리는 너무나 무력한 존재가 되고 말았습니다. 저는 용기를 내고 싶었습니다. 그래서 이와 같은 파괴의 물결이 이는 이유와 그 주동자를 찾고 싶었습니다. 그리고 바로 여기 WTO에까지 이르게 되었습니다. 제 가슴 깊이 억눌러왔던 질문을 이제 던집니다.

WTO, 당신은 지금 무엇을 협상하고 있습니까?

사람을 위해서입니까, 아니면 WTO 자신을 위해서입니까?
잘못된 논리와 말도 안 되는 외교적 수사를 당장 그만두십시오.
WTO 시스템에서 농업을 제외하십시오.

시장에 나가보니 우리의 우려는 이미 현실이 되었더군요. 끝없이 밀려오는 값싼 수입 농산물과는 아무리 노력해봐도 경쟁할 수 없다는 사실을 우리는 곧 깨달았습니다. 농산물을 수출하는 해외 농장들은 우리의 작은 논밭(평균 1.3헥타르)보다 100배는 넓은 땅에서 수확물을 얻습니다. 한국의 농업정책이 많이 개선된 것과 개별 농가의 생산성이 향상된 것은 사실입니다. 그러나 수입산 저가 농산물로 이미 넘쳐나는 시장에 쓸데없이 잉여 농산물만 더해가고 있다는 것도 외면할 수 없는 사실입니다. 대량 수입이 시작된 이후 우리 영세 농민들은 한 번도 작물을 길러내는 데 드는 돈 이상을 벌어본 경험이 없습니다. 때때로 상품 가격이 반의 반 이하로 떨어져버리기도 합니다. 만약 어느 날 납득할 만한 이유도 모른 채 당신의 봉급이 반으로 떨어진다면 당신은 어떻게 하시겠습니까?

일찌감치 포기한 농민들은 도시의 빈민가로 흘러들었습니다. 그렇지 않은 사람들은 악순환의 고리를 어떻게든 끊어보려다가 파산하여 엄청난 빚더미에 짓눌리고 말았습니다. 저는요, 저는 아무것도 할 수가 없어서 농가의 낡고 쓰러져가는 빈집들을 멀뚱하니 쳐다보고만 있습니다. 한번은 늘어나는 빚에 쪼들리다 못해 농약을 먹고 숨진 동료의 집에도 가보았습니다. 그의 아내는 힘없이 흐느끼고 있었습니다. 하지만 저는 아무것도 도울 수 없었습니다. 만약 당신이 저라면, 무엇을 느꼈을까요?

요즘 한국에는 넓게 닦인 도로를 통해 넓은 아파트며 빌딩이며 공장이 잘도 들어섭니다. 그러나 그 땅은 지난 수천 년 동안 우리가 농사짓고 발붙이며 살아왔던 바로 그 땅입니다. 우리는 그날 필요한 양식을 얻고 그날 필요한 물건을 만들며 살아가는 방식에 익숙합니다. 그러나 우리의 논이 주는 생태학적 · 문화적 의미는 우리의 사회공동체에 훨씬 더 큰 의미를 가지고 있습니다. 누가 우리 농촌의 생명력을, 공동체 문화를, 기쁨을, 환경을 지켜줄까요?

저는 다른 국가의 농민들도 같은 상황에 처해 있다고 믿습니다.

FOOD
IS
DIFFERENT

쇄도하는 저가 수입 농산물과 부족한 정부예산이라는 공동의 어려움을 가지고 있습니다. 관세정책은 실제적인 해결책이 될 수 있습니다. 저는 TV와 뉴스를 통해 세계 곳곳에서 너무나 많은 사람들이 굶주리고 있다는 사실을 들어 알고 있습니다. 세계 곡물시장의 가격은 너무나 싼데도 말이지요. 정부는 무역을 통한 저가 곡물 확보로 돈을 벌려는 시도를 당장 중지해야 합니다. 농민에게는 땅과 물이 필요합니다. 동정심? 필요 없습니다! 우리에게 다시 일을 할 수 있게 해주십시오!

저의 경고는 위험에 처한 모든 인류를 향해 퍼져나갈 것입니다. 통제할 수 없는 다국적기업들과 WTO를 통제하는 소수 강대국들은 너무나 비인간적인 글로벌 환경을 이끌고 있습니다. 이는 환경을 부수고 농민을 죽이며 전혀 민주적이지도 않습니다. 이것을 당장 멈추어야 합니다. 그렇지 않으면 신자유주의의 잘못된 논리가 세계 농업의 다양성을 쓸어버리고 결국에는 인류의 재앙으로 변모하고 말 것입니다. WTO는 농민을 죽입니다!

이경해(한국 농업경영인중앙연합회)

식량주권

CONTENTS

FOOD IS DIFFERENT

표, 도표, 박스

단체 약자

ACP	아프리카, 카리브 및 태평양 도서국가연합 Africa, Caribbean and Pacific bloc
CAFTA	중앙아메리카 자유무역협정 Central America Free Trade Agreement
CAP	유럽 공동농업정책 Common Agricultural Policy
CCC	상품신용공사 Commodity Credit Corporation
CIRAD	농업개발연구 국제협력센터 Agricultural Research Centre for International Development(France)
COOL	원산지 표기 Country of Origin Labeling
CP	보존율 Conservation Percentage
CPE	유럽농민연합 European Farmers Coordination
CSP	보호보장 프로그램 Conservation Security Program
EAGGF	유럽 농업지도보증기금 European Agricultural Guidance and Guarantee Fund
EQIP	환경개선장려계획 Environmental Quality Incentives Program
ERS	미 농무부 경제연구처 Economic Research Service
EU	유럽연합 European Union
FAO	유엔 식량농업기구 Food and Agriculture Organization(of the United Nations)
FFFA	가족농업법 Food from Family Farms Act
FOR	농가비축제도 Farmer Owned Reserve
FSR	식량안전비축 Food Security Reserve
FTAA	미주자유무역지대 Free Trade Area of the Americas
GATS	서비스무역에 관한 일반협정 General Agreement on Trade in Service
GATT	관세와 무역에 관한 일반협정 General Agreement on Tariffs and Trade
GE	유전자조작 식품 genetically-engineered foods
GIPSA	미 농무부 연방곡물검역국 Grain Inspection and Packers Stockyards Administration
GMOs	유전자변형 생물 genetically-modified organisms
IATP	농업무역정책기구 Institute for Agriculture and Trade Policy
ILO	국제노동기구 International Labor Organization
IMF	국제통화기금 International Monetary Fund
IPRs	지적재산권 Intellectual Property Rights
LDCs	최저개발국가(최빈국) Least-Developed Countries

'무역자유화' 아래서
죽어가는 전세계의 농민들

Farmers Around the World Lose Out Under the WTO

조지 네일러는 아이오와에서 옥수수와 콩 농사를 짓고 있다. 미국 전국가족농
연합회(The National Family Farm Coalition, NFFC[2], 1986년 설립)는 농장과 식량,
무역과 농촌경제와 관련된 이슈에서 농민의 목소리를 대변하고 있다. 미국뿐
아니라 세계적으로 영세농가를 위한 농산물 가격과 깨끗한 농산물 생산, 건전
한 농촌공동체 유지를 위한 행동에도 앞장서고 있다. NFFC는 30개 주의 가족
단위 농가와 농촌사회를 대변하여 저가의 기업식 농업생산 시스템 진입에 따
른 경제적 위기를 해결하는 데 힘을 기울이고 있다.

　농가지원을 위한 기존 자금의 60퍼센트 삭감을 받아들이는 등 많
은 양보를 했는데도 미국 정부가 WTO를 통해 내놓은 것이라곤 다
국적기업의 저가 농산물 거래를 활성화하여 전 세계적 농민 경쟁을
가중시키는 정책밖에 없다. 미국 정부는 자유무역의 책무를 수행한
다는 허울 좋은 이름 아래 무역으로 발생하는 각종 이득을 챙기고
농부들은 헐값에 밀려드는 수입 농산물에 대응하기 위해 각종 보조
금에 의존하고 있다.

시장 개방으로 이제 농민들은 보조금에 의존할 수밖에 없지만 이 보조금은 결국 또다시 '친자유시장' 법안의 또 다른 기준으로 작용하게 마련이다. 최저가격은 다시 한 번 무너질 것이요, 농산물 거래에 관한 한 정부의 역할은 사라질 것이며, 식량주권과 이와 관련한 논쟁은 잊히게 될 것이다.

태생적으로 불확실성을 안고 있는 생필품 시장이기에 농산물 가격이 지속적인 하락세를 거듭하고 있는 상황 속에서 보조금 정책마저 위협받는다면 결국 미국 농가는 몰락하고 말 것이다. 정부의 보조금 정책이 없다면 안 그래도 낮은 농산물 가격이 더 낮아질 가능성이 크기 때문에 금융권은 농민에 대한 대출을 포기할 수밖에 없다.

많은 개발도상국 정부들은 자국의 농업이 망가지는 것을 막을 만큼의 보조금조차 지원하지 못해 허덕이고 있다. 한편에서는 시장 개방을 위해 압력을 가하고 다른 한편에서는 농산물 가격의 지나친 하락을 막기 위한 정부의 노력에 저항하는 등 농민들이 받는 고통은 나날이 가중되고 있다. WTO를 포함해 각종 자유무역협정을 통한 무역자유화는 결국 모든 국가의 식량주권을 파괴하고 농촌 사람들의 안락한 보금자리를 빼앗고 말 것이다.

'시장중심'의 농산업 정책과 이를 위한 관련 기업들의 로비는 한두 해에 걸친 얘기가 아니다. 가족 단위로 운영되는 소규모 농장은 미국인들의 요구로 점차 사라져가고 훨씬 넓은 농장과 화학약품으로 오염을 일삼는 공장형 농장만 늘어나고 있다.

미국이 WTO에서 감축대상 보조금Amber box과 생산제한 직접지불Blue box 등 다른 '보조'에 대해 논의하고 있는 동안 협상 대상국들은 미국의 농산물에 대한 보조금 정책과 같이 WTO의 합의사항[3]

에 위배되는 각종 국내 지원 정책을 비판하고 나섰다. 대표적인 예로 생산제한 직접지불을 없애는 대신 우회적인 방법을 통하여 이 역할을 대신하는 보조금을 지불한 사례가 있다. 미국 정부는 다국적 농기업들의 이익을 대변해 돌멩이 하나로 두 마리의 새(보조금을 삭감하지 않으면서 거대 기업들의 이익을 지지하는 정책을 표면적으로 삭제)를 잡을 수 있는 전략을 추구한 것이다.

미국 농민들은 모욕을 감수하고 '보조금'을 선택하게 된다. 결국에는 무역자유화를 통해 기업들에게만 온갖 이익이 돌아가는 시책에 승복한 것이다. 정부의 보조금이 있지만 농민의 수입은 이전과 비교할 수 없는 수준으로 떨어졌고, 소비자를 위한다기보다 농산물 가격이 생산가 아래로 떨어지지 않도록 하기에 급급하다.

예를 들어, 미국에서 가장 많이 재배되는 농작물인 옥수수는 거의 8000만 에이커(3200만 헥타르)의 땅에서 재배되고 있지만 생산량의 대부분은 가축용 사료나 수출용으로 소비된다. 1978년의 옥수수 가격은 1부셸(56파운드, 25.5킬로그램)당 평균 2.25달러였지만, 1977년에는 1.50달러에 불과했다. 미 농무부USDA는 옥수수 가격을 2달러 이상으로 끌어올리기 위해 농사를 짓지 않는 유휴농 제도를 도입했다. 하지만 여전히 1970년대 초반 3달러 이상 하던 옥수수 가격에는 여전히 못 미치는 수준이다.

실제 물가상승률(300퍼센트에 달한다)을 반영한다면 현재의 옥수수 가격은 1부셸당 6.75달러가 되어야 정상이다. 그러나 실제 미국 서부의 옥수수 가격은 1.35달러에 불과하며 때로는 그 아래로 떨어지기도 한다. 농부들이 예전과 같은 수익을 기대한다면 1978년보다 농사를 4배나 더 지어야 한다. 각종 대출과 직간접자금의 유입 결과 2005

년에는 부셸당 약 2.25달러까지 올랐지만 1978년 수준에 비하면 3분의 1에도 못 미치는 가격이다! 미 농무부 조사에 따르면 2003년과 2004년에는 지역을 불문하고 정부 보조금 혜택을 받지 못한 전국의 농가수익이 적자를 기록했다.[4] 정부의 직간접자본이 투입되지 않았다면 수익은커녕 손익분기점에도 도달하지 못했을 것이다.

2005년의 1.35달러라는 옥수수 가격(다른 상품들도 마찬가지로 낮은 가격이다)은 모든 점에서 기준가를 결정하는 시카고무역위원회에서 세계 곳곳으로 전해졌다. 낮은 가격의 옥수수(다른 상품도 마찬가지로) 덤핑은 오늘날 어쩔 수 없는 현상이 되었고,[5] 각국의 농민들은 국제통화기금IMF과 세계은행World Bank의 관세삭감 결정에 따른 희생양으로 전락했다.

이런 상황에서도 미국은 여전히 '시장 개방'을 강력히 요구하고 있다. 카길Cargill, 타이슨Tyson, 스미스필드Smithfield 같은 다국적기업들은 가축에 싸구려 옥수수와 콩 사료를 먹이며 이미 미국의 농업 다양성을 파괴했고 이와 같은 모델을 세계 각국으로 전파하고 있다. 가난한 국가의 정부들은 어떻게든 농업을 살려보려고 각종 입법활동(농지확장, 토지보수, 지역불균형 조정 등)을 벌이고 있지만 싼 가격의 수입 농산물을 막지 못한다면 그 결과는 불을 보듯 뻔하다.

싼 가격의 농산물과 가축이 세계로 확장되는 상황도 문제지만 미국의 위선적인 보조금 해결책이 더 큰 문제다. 《웨스턴 프로듀서 The Western Producer》의 최근 기사에 따르면, 캐나다의 옥수수 농가들이 최근 캐나다 무역재판소에서 '보조금으로 인한 덤핑 행위를 했으며 추가적인 조사가 필요하다'는 판결을 받게 되어 미국산 수입 옥수수에도 추가적인 관세가 발생하게 되었다. 이는 캐나다 내에서도 곡물 가격을 상승시키는 요인이 되기 때문에 옥수수를 매입하는 기업들로서는 전혀 반길 만한 일이 아니다.

캐나다양돈협회 클레어 쉐겔 회장은 다음과 같이 말했다. "우리는 수입관세가 어떤 문제도 해결해주지 못할 것이라고 믿는다. 우리는 옥수수 생산 농민의 고통을 이해하며 그들과 함께 가격 인상을 막을 수 있는 방법을 강구할 것이다."

농기업들은 당연히 정부가 지속적으로 농업에 자금을 투입하여 옥수수 농가들이 파산하지 않을 수 있기를 바랄 것이다. 하지만 갖가지 명목으로 농가에 투입되는 자금은 선진국에서나 가능한 방법이다. 가난한 개발도상국가들에게는 불가능한 해결책이다.

무역자유화(WTO의 목표)가 수백만 농민의 생계를 위협하고, 식량안보를 위협하며, 자연환경을 파괴하고 있다는 사실을 깨닫기 위해 도대체 얼마나 더 많은 증거가 필요할까? 농산물 무역자유화는 점점 더 많은 생산을 하도록 부추기고 가격을 떨어뜨리며 농가 부채를 증가시켜서 수많은 농민들이 농장을 떠나게 만든다. 농산물 무역자유화는 가격이 얼마나 떨어지건 관계없이 생산하게 만들고, 소중한 자원과 물자를 낭비하게 만들어 더 이상 안전한 식량 확보가 불가능하게 만듦을 의미한다. 급변하는 기후, 국제적 적개심, 테러리즘의 시대를 맞는 오늘, 농산물 무역자유화라는 어리석은 선택을 굳이 해야만 하는가? WTO는 농산물에 대해 물러나야 한다. 더 이상 타협점은 없다.

'국민의, 국민을 위한, 국민에 의한' 정부인 미국 정부는 무역자유화를 지속적으로 지향하면서도 아닌 척하는 위선의 가면을 벗고, 식량주권을 확보할 수 있는 민주적 가치를 되찾아 수백만에 달하는 소규모 농민을 살려야만 한다. 식량주권 개념은 모든 국가와 지역의 문화적 전통을 소중히 여기고 자신들만의 식량안보 확보를 위한 환경보존 정책과 경제적 기회를 존중하며, 적절한 가격으로 지역시장에 물건을 내놓아 농민들이 생계를 유지할 권리를 지킬 수 있도록 돕는다.[6]

미국 정부는 식량주권의 원칙에 입각한 2007년 농업법을 통과시켜 가족농의 생계와 미래 세대를 위해 건강한 환경을 지켜줄 수 있는 농업정책을 이끌어가야 한다. 미국 전국가족농연합회는 다음과 같이 소농민을 위한 법안Food from Family Farms Act을 지지한다. '적절한 가격을 형성하여 세납자가 아닌 기업 구매자들이 그 가격을 지불하도록 한다.' '식량 저장을 가능하게 하여 가격 하락 대신 식량안보를 위해 풍성한 식량 비축이 가능하도록 한다.' '과잉생산에 따른 낭비와 우리의 환경파괴를 막을 수 있도록 하는 보호조치를 촉구한다.'

전 지구적 차원의 농업경제 침체와 환경오염을 멈추기 위해서 미국 정부는 농산물에 대한 무역자유화보다는 위와 같은 기본적인 조처들을 단행해야 한다. 농기업에 의한 시장집중화로 소비자들은 날마다 더 비싼 농산물을 사먹고 있지만 농민들은 나날이 더 적은 수입을 거두는 과잉생산 패턴을 당장 끊어야 한다.

카길은 전세계에서 생산되는 농산물의 90퍼센트 이상이 국내에서 해결된다고 말한다. 그러나 국제시장을 넘나드는 농산물의 90퍼센트 이상이 단지 몇 개 국가에 의해서 움직이고 있으며, 그보다 더 적은 수의 다국적기업들(카길과 같은 기업들)이 그 전부를 장악하고 있다. 전세계의 농민들이 비탄에 빠져 있을 때 웃고 있는 승자들이 바로 이 기업들이며 형편없이 싼 거래로 이득을 챙기는 이들도 바로 이 기업들이다.

생산가 이하로 농산물을 판매하는 행위는 국가 수입 또한 저하시킨다. 그뿐 아니라 정부와 그 국가의 농민들 사이에 반목을 만들어 다음 세대에게도 돌이킬 수 없는 문제를 안긴다.

WTO의 도하라운드를 두고 '발전을 위한 협상'이라고 말하는 것은 너무나 웃긴 일이다. 이제는 WTO와 다국적기업들의 자유무역 이데올로기에 대해 더 이상은 '아니다!'라고 말할 때가 되었다. 이제는 미국의 옥수수 밭이든, 유럽의 그림 같은 풍광이든, 아시아의 논이든, 아르헨티나의 대초원이든, 브라질의 열대우림이든 세상 모든 사람들이 안정적인 식량 생산과 농촌의 번영을 지켜내고 땅을 파괴하는 행위에 대해 과감하게 맞서 힘을 모을 때가 되었다.

조지 네일러George Naylor(미국 전국가족농연합회장)

INTRODUCTION
무역이 곧 발전?

Trade versus Development?

WTO에서 진행되고 있는 극단적으로 기술적인 논의를 넘어서, 무엇이 위기에 처한 농업의 발전을 위한 길인지 생각해보라.

부뤼노 로슈Bruno Losch 박사
(세계발전을 위한 농업연구센터, 프랑스, 2004)

앞서 우리는 이경해의 연설을 살펴보았다. 이경해는 한국의 농민 지도자 중 한 명이었으며 WTO에 대항하여 자신의 목숨을 버렸던 위대한 희생의 장본인이다. 2003년 9월 10일, 제5차 장관회의가 열리고 있던 멕시코 칸쿤의 회담장은 경찰의 바리케이드와 저지선으로 외부와 완전히 차단되어 있었다. 이제는 너무나도 유명해진 슬로건, 'WTO가 농민을 죽인다'라고 쓰인 피켓을 들고 그는 경찰의 바리케이드 위로 올랐다. 그리고는 칼로 자신의 심장을 겨냥하며 이 책에 인용된 말을 유언으로 남겼다.

이경해는 단순히 누군가가 아니었다. 그는 한국 농민조직의 설립자였고 지방정부의 입법위원이었으며 한국 정부와 유엔에게 인정받은 모범적 농민이었다. 그러나 1992년 한국 정부가 관세와 무역에 관한 일반협정GATT에 서명한 이후 한국의 수백만 농민이 그러했듯 이경해도 자신의 땅을 잃고 말았다.

이 자유주의적 무역협정은 한국의 농산물 시장에 세계 곳곳에서 생산된 저가 농산물이 물밀듯 들이치게 만들었고, 결과적으로 한국의 농민들이 아무리 노력해도 수익을 얻을 수 없을 정도의 낮은 가격선을 형성하고 말았다. 농사를 위해 대출받은 대출금을 상환하지 못한 많은 농민들이 조상 대대로 물려받은 농토를 잃고는 수치심을 견디지 못하고 잇달아 자살을 결심했다.

더 큰 문제는 이런 비극의 주인공이 한국 농민만은 아니라는 사실이다. 미국과 인도에서도 같은 이유로 유사한 일들이 벌어지고 있다. 이경해는 당면한 문제들에 대한 해결책을 찾고자 안간힘을 다했으나 농민지도자로서 패배감을 느꼈다. 한국 농업 전반에 걸친 침체의 근본적 이유를 찾던 그는 지구 반대편 제네바에서 시작된 비민주적이고 투명하지도 않은 협의체에서 그 고통의 진원지를 발견했다. 그는 WTO에 대한 자신의 투쟁이 국경을 넘어 전 세계적인 차원의 투쟁이 되어야만 한다는 사실을 깨닫고 칸쿤으로 달려갔다. 나는 이 책을 통해 이경해의 용기를 기리고자 한다. 또 전세계 수백만의 농민들이 왜 그토록 WTO와 같은 자유무역협정에 대해 반대하는지에 대해 설명하고자 한다.

무역, 지구촌화, 남미 국가들의 발전[9]

무역은 새천년의 시작을 정의하는 가장 중요한 개념이다. 1970년대 이동수단과 통신기술의 비약적인 발달은 초국적기업들이 값싼 노동력과 신흥시장을 찾아 전세계를 누비는 데 결정적인 도움을 제공하였다. 막강한 경제력과 정치력을 앞세운 초국적기업들은 자유무역을 보편화하기 위하여 최선을 다하고 있다. GATT, 즉 관세와 무역에 관한 일반협정의 하나인 우루과이라운드를 시작으로 수많은 무역협정과 합의가 뒤따르기 시작했다. 북미자유무역협정NAFTA에서 WTO에 이르기까지 다양한 형태의 자유무역협정은 이제 국제법으로 자리 잡고 있다.

좀더 일반화해서 말하자면 국가 단위의 경제 규모가 지역 단위 혹은 세계 단위의 경제로 확장된 것이다. 대규모의 초국적기업들은 새로 발굴된 저임금 노동력과 발달된 기술을 바탕으로 지역 단위의 영세한 노동집약적 기업들로서는 도무지 경쟁할 수 없는 가격으로 엄청난 양의 상품을 생산해내고 있다. NAFTA 발효 이후 멕시코의 상황을 예로 들면, 수백 개의 작은 기업들이 도산했고 수천 명의 노동자들이 일자리에서 쫓겨났다. 그 이유는, 우선 같은 질의 같은 상품을 생산한다 하더라도 상대적으로 노동력이 적게 드는 선진 생산시스템이 토착기업 노동자의 일자리를 빼앗았기 때문이다. 또 다른 이유는 경영수익을 다시 지역사회로 환원시키던 국유산업들이 초국적기업에 의해 민영화되면서 경영수익이 주로 선진국에 거주하고 있는 주주들에게 돌아가게 되었기 때문이다.

짧은 시간 동안 우리는 많은 변화를 목도하고 있다. 생산성의 향상이 우리 생활수준에 변화를 불러온 것이 사실이나 지속적인 생산성의 향상에도 불구하고 모든 이들의 삶의 수준이 높아진 것은 아니다. 새로운 자유무역이 처음으로 시작된 남미 지역을 살펴보자. 이른바 구조조정 정책으로 얼룩졌던 남미의 1980년대는 이제 '잃어버린 10년의 경제' 시기로 더 유명하다. 가난한 시민 대부분의 생활수준은 1960년대 이전으로 퇴보했다. 이후 동일한 현상이 동아시아와 동남아시아에서 나타난다. 무역자유주의는 역내 국가들에 순차적으로 강요되었고 각국은 통화정책에 대한 통제권을 잃기 시작했다. 그 결과로 광범위한 금융위기와 제3세계 국가경제의 붕괴가 나타났다. 이제 자유무역의 화두는 세계경제에서 가장 경쟁력이 약한 아프리카로 넘어가고 있다.

경제적으로 약한 국가가 강한 국가와 병합됨에 따라 심각한 불평등 시장이 점차 확대되고 있다. 새로 체결되는 무역협정들(세계은행이나 IMF도 마찬가지다)은 기본적으로 국내경제를 통제하는 경제주권을 포기할 것을 요구한다. 경제주권을 잃게 될 경우 정부는 자국민의 장기적 안보와 발전에 기반을 둔 정책을 수행할 수 없게 되어 결국 장기적 침체로 기울 가능성이 크다. 사회의 빈곤계층이나 약자에 대한 사회복지, 사회정의, 인권, 천연자원 보호 등 국가가 주도하는 다양한 권리와 의무가 약화될 것이다.

수입과 수출을 늘리고 외국인 투자를 확대하려면, 또 GATT와 WTO, 구조조정 협약, 지역주의, 양자간 무역협정 등을 확대하려다 보면 필연적으로 정부의 국가경제 통제권은 시장 메커니즘이나 WTO와 같은 범정부적 기구에게 빼앗길 수밖에 없다. 과거 남미 국가들은 국가경제의 미래를 위한 거시경제정책들을 이런 식으로 잃었다. 환율조정 정책, 현금유동성 제한, 수입 제한, 공기업·금융기관의 사유화 저지, 영세영농인 지원을 포함한 각종 보조금 정책 등 각 부문의 손실에 대응하려는 정부의 경제정책이 급격히 무너졌고, 단순히 무역협정을 준비하는 단계에서건 국제적 금융기구에서 자금이나 자문을 얻는 단계에서건 남미 국가들은 사적 투자와 시장 메커니즘에 의해 정부 단위의 조정력을 상실하고 말았다.

물론 이 같은 변화가 소수의 사람들에게는 국제화된 시장에서 새로운 틈새시장을 개척할 수 있는 기회(예를 들면, 유기농 커피)가 되기도 하지만 그렇지 않은 많은 사람들에게는 정부가 보장하던 사회안전망이 사라지는 동시에 사회적 위기에 대응하고 자원을 관리하던 전통적 경영방식 모두를 잃는 계기가 되고 있다.

가난한 농민 대부분은 여전히 시골에 살고 있지만 이러한 변화는 농민들로 하여금 더욱 생계를 지탱하기 힘든 상황으로 몰아간다. 상황을 타개하려고 노력할수록 그들은 강력한 초국적 경쟁자들의 힘을 깨닫게 될 뿐이다. 소규모 농가들은 작물을 생산하는 데 드는 비용보다 낮은 가격으로 물건을 팔아야 하고, 그보다 싼 가격의 수입 농산물이 관세나 수입제한 없이 밀려드는 광경을 목도한다. 이들은 점차 보조금도 잃고 판로 개척에 어려움을 느끼며, 이제 합법적인 개인 투자자가 이들이 오랜 세월 몸담아온 공동체를 침범한다.

전세계를 통틀어 가난한 사람들 가운데서도 가장 가난한 사람은 토지를 소유하지 못한 농민들이고 그보다 조금 나은 경우가 약간의 토지는 있으나 가족의 생계조차 스스로 해결할 능력이 없는 농민들이다. 그들은 농촌 빈곤층의 대부분을 차지하고 있으며 최악의 궁

핍을 경험하고 있다. 좋은 땅을 소유한 엘리트들에 의해 진행되는 농산물 수출 확대는 결국 가난한 농민들의 땅을 빼앗아 삶을 더욱 피폐하게 만든다. 그들은 산지를 개간하여 척박한 땅을 일구거나 가파른 농토를 개척하기도 하고 사막 가장자리나 열대우림 가운데 농사를 짓기도 한다. 더욱 무거운 가난에 빠져들수록 쓸 수 없던 땅을 개간했다는 칭송을 듣기보다 오히려 환경오염과 파괴의 주범으로 지목되기 일쑤다.

좋은 땅의 경우 상황은 더욱 나쁜 경우가 많다. 좋은 땅은 수출을 위한 단일품목 재배용으로 활용되기 때문인데, 일반적으로 단일품목 재배에는 살충제와 화학비료를 활용한 생산방식이 사용된다. 지난 수천 년간 전통적인 농업방식을 통해 전혀 환경 훼손의 위협 없이 이용되던 기름진 땅들이 이제는 단기간의 수출 확대를 위한 대량생산체제로 철저히 파괴되어가고 있다. 어떤 경우는 완전히 황폐해지기도 한다. 이전에는 옥토였지만 이제는 해충들의 살충제에 대한 내성 때문에, 생물다양성의 파괴 때문에, 경작지의 밀집이나 부식, 침수, 토질 저하 때문에 생산성이 떨어지고 있다.

비옥한 토지에서 생산된 농산물로 인한 혜택은 전부 부유한 국가의 소비자에게 돌아간다. 생산 엘리트들은 농민들을 값싼 노동자원 이상으로 여기지 않기 때문에 고임금을 지불하지 않으며, 농민들은 좋은 경작물을 구입할 만한 돈도 없기 때문이다. 결국 토지 파괴와 농촌지역의 빈곤이라는 악순환은 계속된다. 도시에서 발생하는 문제들도 상당 부분 이러한 농촌문제와 관련이 있다. 가난을 견디지 못한 농민들이 도시로 흘러들어도 생계를 꾸릴 수 있게 되는 경우는 극히 드물며 대부분은 도시 슬럼이나 빈민가에서 여전히 가난에 시달리게 된다. 자유무역과 토지 집중화, 농업의 산업화가 현재와 같은 추세로 계속된다면 사회적·생태적 안전을 보장할 수 없는 상황이 오고 말 것이다.

소규모 농업으로 지역생산과 토지의 재분배가 가능하다는 연구도 있다. 소규모 농민의 생산성이 더 높으며, 그들의 영농방식이 좋은 토지를 소유하고 자유무역의 혜택을 받는 대규모 사업체의 공장식 농사보다 광범위한 기반의 지역개발에 더 효율적이라는 것이다. 어차피 토지를 장기적으로 활용해야 하는 농민들은 농지와 주변 환경은 물론 다양한 생물종의 보존에도 힘을 쓰게 마련이기 때문이다.

이제 우리에게 필요한 것은 지금까지의 정치적 결정에서 벗어나고자 하는 의지다. 이 책에서 말하고자 하는 위기 자체도 자연에서부터 생산되는 무언가가 아닌 인간에 의해 결정되는 정책적 산물에 초점이 맞춰져 있다. 무역, 민영화, 구조조정 같은 것들은 다른 정치적 결정에 따라 충분히 되돌릴 수도 있는 것들이다.

가난의 악순환과 저임금, 이농현상, 환경파괴를 멈출 수 있는 유일한 방법은 자유무역, 초대형 농장, 토지집중적 농작법 등으로 대표되는 현재의 개발노선에서 벗어나는 것이다. 국내의 주요 곡물시장을 보호할 수 있고 부유한 농작물 생산자보다는 소규모의 농민을 보호하는 무역정책이 필요하다. 또한 농촌보다 도시를 인위적으로 선호하는 국제정책의 반전과 토지의 정당한 재분배를 가능케 하는 개혁이 앞에서 말한 무역정책과 병행될 때만이 가난한 사람들을 구제하고 장기간의 안정적 경제개발을 담보할 수 있다. 또 생물다양성이나 생산적 자원을 보호할 수 있는 유일한 방법이기도 하다.

이 대안구조(국제농민운동단체인 비아 캄페시나La Via Campesina는 이를 '식량주권food sovereignity'이라고 부른다. 식량주권에 관해서는 이 책 뒤에서 다룰 것이다)는 가족 단위의 농업을 유지했던 중국, 일본, 한국, 대만과 같은 성공적 경제 강국들이 전후 시기에 수행한 '상향식 bottom-up' 정책결정 모델과 견주어 적용할 수 있다. 이들 국가들은 WTO 방식의 '하향식trickle down' 자유무역과는 정확히 반대가 되는 경제정책을 따랐다. 이 책의 마지막 장에서 우리는 지금의 농산물 무역정책과는 다른 좀더 지속가능한 대안적 정책들을 살펴볼 것이다. 그러나 우선 세계 곳곳의 이경해와 같은 농민들이 제공하고 있는 농산물 자체에 대해 좀더 자세히 살펴보자.

🍚 무엇이 농산물인가

무엇이 농산물인가? 무엇이 농업인가? 강철이나 마이크로칩, 운동화와 다를 바 없는 생산품이 농산물인가? 인도네시아의 나이키 공장에서 만들어지는 운동화는 엘살바도르에서 만들어지는 나이키 운동화와 차이가 있을까? 같은 제품 규정을 따라 생산된 한국과 미국의 강철은 과연 차이가 있을까? 어떻게 생산되었는지에 따른 이와 같은 차이가 농산물에도 적용될까?

냉동 토마토를 떠올려보라. 이 토마토가 생산된 땅은 한때 가난한 농부의 땅이었으나 이제는 대량생산체제를 갖춘 기계화 농지가 된 땅이며, 아직 덜 익어서 푸를 때 수확되고, 플라스틱과 스티로폼 용기에 포장된 후 남반구에서 집하되어 북반구의 겨울을 보내는 동안 그 자체의 가치보다 더 많은 에너지를 소비하는 토마토. 과연 이 토마토는 시골의 농가에서 전통적인 방식으로 재배되어 제철에 익은 토마토와 같은 토마토일까?

슈퍼마켓에서 토마토를 구입할 때 우리는 화학비료와 살충제, 때로는 유전자변형 종자, 트랙터 등의 농기계, 관계장비, 살포장비, 국제 화물운송선박, 중간상, 슈퍼마켓 체인점과 광고회사 등 수많은 다국적기업들에게 비용을 지불한다. 이런 식으로 수입된 토마토가 내가 사는 지역의 농부가 화학비료를 쓰지 않거나 적어도 조금만 사용하여 생산한 토마토와 같은 토마토가 맞을까? 우리가 미국인이건 유럽인이건 일본인이건, 또 그 농부가 멕시코인이냐 한국인이냐 나이지리아인이냐에 따라 차이가 있을까? 우리의 구매행위는 세계에 어떤 영향을 끼치고 있을까? 농가에는? 우리의 환경에는?

우리가 옥수로 만든 토르티야를 하루에 세 번씩 먹는 멕시코인이라고 가정해보자. 만약 그 옥수수가 농가에서 생산된 것이라면 옥수수를 생산하고 판매한 농가는 그 수입으로 생계를 꾸려나갈 수 있다. 이 옥수수는 향이 살아 있는 지역 특산물로서 조상 대대로 전해진 방법에 따라 살충제를 거의 사용하지 않고 재배되었다. 물론 옥수수 밭 근처의 삼림이나 환경이 옥수수 생산 때문에 파괴되거나 오염되는 일을 생각할 필요도 없다.

반면 우리는 사람을 위해서 재배되었다기보다 주로 동물 사료용으로 재배되었으며 유전자변형 처리된 옥수수로 만든 토르티야를 먹을 수도 있다. 타산을 맞추기 위해 토질을 엉망으로 만들고 주위 나무를 베어버려 황야를 양산하며, 무모할 정도로 과도하게 생산되었지만 여전히 이윤은 적은 그런 옥수수 말이다.

농산물은 다르다. 그저 그런 상품이나 물건이 아니다. 농산물은 농업이며, 농업은 농촌의 삶 자체를 의미한다. 전통이자 문화며 생존이다. 농업은 농촌의 사회며 농경의 역사다. 많은 경우 농촌은 그 나라와 국민의 문화유산을 간직한 보고다. 농산물은 우리에게 즐거움을 줄 수 있고, 좋거나 나쁜 맛을 낼 수도 있으며, 우리에게 좋을 수도 있고 나쁠 수도 있다.

그런데 만약 농산물이 다르다면, 기계적으로 생산되어 배나 기차, 트럭, 비행기와 같은 운송수단에 실려 세계 여기저기로 수출되는 다른 물건들과 똑같이 취급할 수 있을까? 정체불명의 기업들에 의해서 마치 전혀 차이가 없는 물건처럼 취급되어도 괜찮은 것일까? 이들 회사들은 조금이라도 낮은 가격에 농작물을 파는 자(그에 상응하는 보조금을 받기 때문에 가능할 수도 있는)가 '이기는' 구조를 만들어 농민이 농민과 싸우게 만들며, 낮은 가격에 팔기 위해 지역 환경을 파괴하고 건강하지 않은 농작물을 생산하는 데 일조하고 있다. 이들 덕에 농민은 파산하고 농촌을 빠져나와 도시로 가지만 결국에는 도시의 실직자나 미취업자가 돼버리는 순환구조에 빠지고 만다.

이들 농민들이 자국의 시장에서 자국민을 대상으로 판매되는 농산물을 생산할 수 있을 때 이와 같은 악순환에서 벗어날 수 있다. 그러나 사람들이 주식으로 소비하는 주요 농산물의 수입이 계속되는 한 농민들은 세계 시장의 싼 농산물을 상대로 이길 수 없는 싸움을 계속해 나가야만 한다.

농촌의 발전, 지역경제의 발전, 지역의 발전, 국가경제의 발전 등 우리가 실로 이야기하고 있는 주제는 바로 발전에 관한 것이다. 농민들이 돈을 벌고 지역경제에서 소비할 수 있다면 지역경제 발전의 근간을 마련할 수 있다. 그러나 반대의 경우 사회와 경제의 침체는 불가피하다.

자유무역은 자국 시장을 값싼 외국 수입물에 개방하는 방법으로 시작된다. 자유무역은 먼저 농산물 가격의 급격한 하락을 가져온다. 곧이어 가난하고 빚진 농부들은 단기간 내에 자신의 토지를 팔고 이탈하게 된다. 그리고 더욱 잠재적인 요인이 동시에 진행된다. 농산물의 가격이 하락하는 동안 단위 토지에서 생산되는 농작물에 대한 판매수익이 감소하게 되는 것이다.

즉, 이전과 같은 수익을 내려면 더 넓은 토지를 소유해야 하는 상황이 발생하는데 토지의 소유면적을 넓히는 것이 현실적으로 불가능한 농민들은 생계를 위한 최소한의 토지도 확보할 수 없어 자신의 토지를 버리고 떠나게 되고, 이 같은 환경에서 상대적으로 경쟁력을 갖춘 넓은 토지의 소유주들은 점차 더 넓은 토지를 얻을 수 있게 된다. 대토지를 소유한 농부들은 단위 면적에서 발생하는 이익이 줄어든다 하더라도 토지소유 확대(혹은 납세자들의 보조금)를 통해서 절대적인 이익을 확보할 수 있다. 얼마 되지 않는 대형농장주들이 이런 방식으로 농장 규모를 키워가고 있다.[10]

미국에서는 다음과 같은 질문이 50년 전부터 제기되었다. 대규모 농업의 성장과 산업식 농업(장거리 운송과 수출을 위한 농축산물)이 농촌과 공동체에는 도대체 어떤 영향을 끼치는가? 월터 골드슈미트Walter Goldschmidt는 1940년대 캘리포니아의 산호아퀸밸리의 산업식 농업구조와 소규모의 농가를 비교하여 그 파급력을 가늠한 바 있다.[11]

연구 기간 동안 대규모 농업이 행해지는 농장 부근의 번화가 쇠퇴하였다. 농업의 기계화는 농장에서 필요한 일손의 감소를 의미하기 때문에 농업에 종사하는 가구 수 자체를 감소시키는 역할을 한다. 대규모 농장지대에서 얻은 수익은 오히려 원거리에 있는 더 큰 도시로 반출된다. 반면, 주로 가족 단위의 농장이 운영되는 지역의 경우 더 많은 지역 사업과 일자리, 공동체의 번영이 지속적으로 이루어져 균등한 자금 회전이 일어나고 있었다. 도로의 개선이나 학교, 공원, 교회, 클럽, 신문과 같은 언론기관 등 다양한 서비스가 발달하고 시민의 사회참여도 또한 높았다. 골드슈미트의 연구 이래 다양한 연구가 진행되었고 골드슈미트의 연구 결과가 오늘날에도 유효하다는 것을 입증하였다.[12]

제3세계로 시선을 돌려도 상황은 마찬가지다. 한편에서는 무역 자유화와 토지집중화, 수출 목적의 산업식 농작으로 인해 자연파괴가 진행되고 있는 반면, 다른 한편에서는 소규모 농가에 의한 지역 경제의 활성화가 진행되고 있다. 최근 브라질에서 진행된 한 연구는 토지 비소유 노동자들의 운동(MST, Landless Workers' Movement)의 하나로 소유주가 없는 땅이 토지 비소유 농민에게 돌아갔을 때, 해당 지역의 마을과 상권이 어떤 혜택을 얻게 되었는지, 그 결과로 농민들이 어떻게 생산성이 높은 농민협동조합을 이룰 수 있었는지에 대한 사례를 잘 보여주고 있다.[13] 한 예로, 홀로 드 카스틸로스Julho de Castilhos라는 지역에서는 협동조합 회원이 0.7퍼센트에 불과하지만 5퍼센트의 세금을 내고 있으며 두 번째로 큰 지방세 납세자들이 되었다.[14]

세계 곳곳에서 진행되고 있는 다양한 연구를 통해 우리는 국내 시장에서 유통할 목적으로 생산하고 있는 소규모 농장들이 훨씬 생산적이고 효율적일 뿐 아니라 더 많은 고용 등을 통해 사회경제적 발전에 기여하고 있다는 사실을 알 수 있다. 자유무역과 수출을 통해 이득을 얻는 대규모의 산업화 농장들은 더 환경친화적인 이 소규모 농장주들이 설 자리를 점점 뺏고 있다.[15]

이것이 바로 세계의 가족단위 농장, 소작농, 농장 노동자와 토착민들이 비아 캄페시나라고 불리는 국제동맹을 구성하고 지구적 차원의 자유무역에 대항하여 WTO, 자유무역협정 등에 반기를 드는 이유다. 이것이 바로 그들이 WTO의 협상 대상에서 식품과 농산물을 제외하고자 하는 이유다.[16]

 '무역'에 관한 지구적 논쟁

최근의 세계 역사는 이른바 '자유무역'과 무역협정에 관한 전 지구적 논쟁으로 점철되어왔다. 수많은 논쟁이 있지만 그 가운데서도 핵심은 농산물과 농민에 대한 지원책 등이다. 무역거래량이나 경제성장률, 농업생산성과 같은 지엽적인 지표들을 통해서도 문제를 읽을 수 있지만 더 큰 문제는 따로 있는데, 그것은 바로 각 나라의 특징적인 농산물과 농경 시스템이 무너지고 있다는 사실이다. 세계 곳곳에서 농민들의 생계가 위협받고 있다. 더 나아가 인류의 미래 식량체계 전체가 위협받고 있다.

세계의 무역 시스템을 재편성하는 과정에서 무엇보다 큰 걸림돌은 농업과 농산물이다. 이것이 긍정적인지 부정적인지에 대해서는 의견이 분분하지만, 농산물 무역과 지원책에 관한 견해 차이가 1999년 시애틀에서 열렸던 제3차 WTO 장관급 회담의 가장 큰 실패

요인이었다는 사실에는 모두가 동의할 것이다.

회담에 임한 미국과 유럽연합EU은 양자간의 농업 지원책에 관한 합의를 얻지 못하였고, (미국산 유전자변형 식품에 대한 유럽의 거부를 포함한) 상대국의 수출에 관해서는 보호주의적 입장을 취하였다. 그뿐 아니라 시장 접근권, 농지, 가공식품 덤핑에 관한 남-북 국가들 간의 견해차, 지적재산권IPRs과 관련한 남-북 국가들 간의 입장차, 협상 과정 중 수시로 드러나는 비민주성과 불투명성, 거리의 시위 등은 시애틀 회담의 다양한 쟁점을 똑똑히 보여주었다.

시애틀 회담 이후, 동일한 국가들이 참가한 2001년 카타르 도하 제4차 WTO 장관급 회담에서도, 2002년 에콰도르 퀴토 회담에서도 별다른 진전은 없었다. 농업과 관련된 이슈들은 여전히 쟁점이었고, 회담장 주변은 각국의 농민단체로 구성된 대규모 거리시위 참여인파로 넘쳐났다. 퀴토 회담에서 남미 장관들과의 합의에 이르지 못한 미국 측 대표 로버트 졸릭은 미국이 미주자유무역지대FTAA 협상에서 원하는 것을 얻지 못한다면, WTO에서 얻을 것이라고 밝혔다. 그러나 2003년 9월 멕시코 칸쿤에서 열린 다음 WTO 장관급 회담에서도 또 한 번 농업 때문에, 그리고 엄청난 거리의 시위대 때문에, 그리고 이경해의 희생 때문에 미국은 원하던 바를 얻을 수 없었다. 졸릭은 혐오감을 숨기지 않았다.

칸쿤에서는 두 종류의 국가가 만났습니다. 하나는 '할 수 있다'고 말하는 국가고, 다른 하나는 '하지 않겠다'고 말하는 국가입니다. 지난 2년간 미국은 북반구의 다양한 지역, 국가들과 함께 국제적 시장개방에 힘써왔습니다. WTO 회원국들은 미래에 대해 오랫동안 고심해왔고, 미국은 이제 기다리지 않을 것입니다. '할 수 있다'고 말하는 국가들과 함께 자유무역을 향한 걸음을 옮겨나갈 것입니다.

졸릭의 발언처럼, 미국은 WTO나 FTAA에서 진전을 기대하는 대신 양자간 무역협정이나 리우에서 체결한 (중앙아메리카 자유무역협정 CAFTA과 같은) 지역 단위의 무역협정에 박차를 가했다.

칸쿤 회담 이후, 2005년 홍콩에서 열린 장관급 회담에서도 한국을 포함한 전세계 농민들의 시위대가 거리를 가득 메웠고, 협상은 결정적인 결론을 내지 못한 채 종결되었다. 칸쿤, 홍콩 회담에서 주목할 만한 사실은 남반구 국가들로 구성된 새로운 협의체의 출현이다. 대량 농산물 수출 잠재력을 가지고 있는 브라질, 인도 등의 G20 국가들, 그리고 그보다는 가난한 제3세계 국가를 포함하는 G33, G90, G120의 남반구 국가 연합체들이 미국과 유럽 중심의 아젠다에 대립되는 제안을 내놓기도 하였다.

이 책에 관하여

농산물 거래와 보조금 등에 관한 세계적 논의는 그 이해관계가 복잡하기 때문에 많은 관심이 쏠리는 문제이며 오해도 많고 말도 많다. 이 책의 목표는 이러한 혼란을 정리하고 가능한 대안을 모색하여 모두가 공감할 수 있는 상식적 대안정책을 제안하고자 하는 것이다.

우선 무역협정과 무역자유화의 과정을 역사적 맥락에서 간단히 정리하고 나서, WTO의 1999년 시애틀 회담과 2003년 칸쿤 회담, 홍콩 회담에서 있었던 격렬한 대치처럼 굵직한 최근의 이슈들을 되짚어볼 것이다. 또 무엇이 핵심적인 쟁점이었으며, 그 쟁점들 사이로 어떤 국가가 대치하였는지 살피고자 한다. 그런 다음, 목화 재배 지원에 대한 최근의 토론을 분석하면서 지원금, 덤핑과 관련한 일반적 오해들에 대해 면밀히 살펴볼 것이다.

다음으로 NAFTA 체결 이후 겪은 극심한 변화 때문에 무역협정의 충격에 대한 '실험실'로 널리 인식되고 있는 멕시코의 사례와 차세대 무역협정의 '새로운 개척지대'로 여겨지는 아프리카의 사례들도 살펴볼 것이다. 마지막으로 농업과 농산물을 위한 다양한 대안정책을 고민해보고자 한다.

이러한 대안정책들을 제안하기 위해서, 또 이미 진행되고 있는 정책을 정당하게 평가하기 위해서 우리 모두는 공통의 규범적 목표를 공유해야 한다. 따라서 나는 국가를 초월하여 대부분의 사람들이 다음과 같은 농산물과 농업 시스템을 원할 것이라는 가정 아래 앞으로의 논의를 진행해나갈 것이다.

- 누구나 필요한 만큼 구할 수 있으며, 건강하고 맛있으며, 문화적으로 적절한 음식을 누릴 수 있는 시스템
- 모든 국가의 농민들이 각자 자기 삶의 존엄성을 유지하기 위한 노동에 대해 최소한의 임금을 보장받을 수 있고, 원하는 사람은 누구나 농촌에 남을 수 있도록 기회를 제공하는 시스템
- 촌락, 중간 규모의 지역, 국가 등 모든 단위를 포괄하여 장기

적인 경제성장을 보장하는 시스템
• 문화적 전통과 생산적 천연자원(토지, 물, 생물학적 자원, 생물
  다양성)을 지속가능하도록 하여 농촌지역의 환경과 경관을 지
  켜낼 수 있는 시스템

　이러한 전제들에 대해 가족 단위의 소농장과 소비자 단체, 환경
보호론자, 농업 협동조합 등은 분명 적극 찬성할 것이다. 그러나 정
부나 대규모 농산물 무역 관련 기업, 식료품 가공업체 등이 이것을
반길지는 미지수다. 이 책을 통해 살펴보겠지만 그들 사이에도 이
견은 있다. 그러나 큰 틀에서 볼 때 농산물의 생산과 무역 시스템이
현재와 같이 시장 중심적으로 진행되는 데에 대해서는 그들의 의견
이 일치한다.
　농산물과 농업문제를 해결하기 위해서는 '무역'이라는 편협한
주제를 벗어나 무엇이 '발전'이나 '주권'(농민들은 이를 '식량주권'이라
지칭한다)의 문제인지를 상기해야만 한다. 아직은 아득한 이야기로
들릴 수도 있겠지만 덤핑, 공급관리, 독점금지법, 보조금 등에 관해
실현 가능한 협의와 구체적인 대안이 반드시 존재할 것이라는 믿음
을 가져야 한다. 이 책은 바로 그런 대안을 찾고자 쓰인 것이다.

식량주권

CHAPTER 01

무역협정과 무역자유화, 무엇이 문제인가

TRADE NEGOTIATIONS AND
TRADE LIBERALIZATION

무역협정과 무역자유화,
무엇이 문제인가

Trade Negotiations and Trade Liberalization

세계의 무역협정들은 '무역자유주의'의 하나인 1986년 우루과이 라운드 이래 다양한 형태의 조약으로 이어지고 있다. 우루과이라운드는 관세와 무역에 관한 일반협정GATT을 바탕으로 진행되었으며 1995년에는 세계무역기구WTO로 발전한다. WTO는 발족 이후 각국의 최고위직 공무원들(특히 무역, 재정경제와 관련된 장관들)로 구성된 '장관급 회담'에서 큰 합의들을 이루었는데 이는 WTO만의 특징적인 모습이다. 그러나 회담에 참여한 이들의 표현을 빌자면 일련의 회담 가운데는 성공만큼이나 실패가 많았다.

1999년 시애틀 회담과 2003년 멕시코 칸쿤 회담의 경우 그 주된 실패 이유는 농산물 수출입 규제와 각종 보조금에 대한 견해차로 요약할 수 있다. 반면, 2005년 홍콩 회담에서는 미국과 유럽의 빈약한 약속을 믿고 많은 것들을 양보한 제3세계 국가들의 희생을 발판으로 지속적인 회담에 대한 합의가 이루어졌다. WTO는 구사일생하게 되었고 정체되었던 협상도 새로운 출발점을 얻을 수 있었다.[18]

무역자유화는 무역에 대한 장애물을 제거하는 과정이다. 무역을 자유화한다는 것은 시장에 영향을 끼쳐 무역에 방해가 되는 세금이나 규제, 각종 지원책을 없애고 해외의 다양한 시장으로 언제든지 진입할 수 있는 기회를 제공한다는 말이다. 무역자유화를 통해 경제 활성화나 일자리 창출, 경제성장 등을 기대할 수 있다.

'비교우위' 이론에 따르면 (어떤 국가는 자동차 생산에 강점이 있고, 어떤 국가는 커피 생산에 강점이 있는 것처럼) 국가마다 제각기 무역을 통해 이익을 얻을 수 있는 우월한 상품을 가지고 있다. 물론 이것이 현실 세계에 꼭 부합하지는 않기 때문에 이를 전제로 한 무역자유화로의 진행이 진정 옳은가에 대한 전 지구적 논쟁이 심화되고 있다.

무역에 대한 장애물이란 제약 없는 물류의 흐름을 방해하는 (혹은 왜곡하는) 모든 종류의 정책수단을 가리킨다. 가장 일반적인 장애물은 외국의 값싼 경쟁상품에서 자국의 시장을 '보호'하려는 정책이며, 이를 '보호무역'이라 한다. 이때 장애물이란 관세(수입품에 대한 세금) 혹은 비관세장벽NTBs이라 불리는 다양한 종류의 방어정책을 말한다.

비관세장벽에는 수입물량 제한이나 국산품 우선구매 제도, 생산보조금, (보조금 지원이 없어도 싼 외국 수입품에 대해 경쟁력을 확보하기 위한) 가격지원 정책 등 많은 종류가 있다. 비관세장벽은 장벽이라 지칭하기도 어려울 정도로 다양한 방식으로 존재한다. 건강이나 품질 기준, 생산지 표시 의무 등도 비관세장벽이 될 수 있으며 각 지방정부가 관할구역 안에서 생산된 물품이나 사회적 약자가 생산한 물품을 우선구매하도록 하는 정책도 포함될 수 있다.

정부가 수입관세 철폐나 수입량 제한을 푸는 방식 등을 통해 무역에 대한 장애물을 제거할 때, 이를 두고 외국 수입품에 대해 시장을 '개방'한다고 한다. 시장을 개방하게 되면 수입품의 가격이 지나치게 쌀 경우 경쟁력이 약한 자국 생산자들이 관련 산업에서 배제될 수 있다는 위험이 따른다. 무역자유화 이론에 따르면 같은 제품을 생산하더라도 어떤 국가에서는 싼 가격에 생산할 수 있고, 이 제품의 수출이 상대적으로 비싸게 생산하는 국가의 동종산업을 힘들게 한다고 해도 별로 문제가 되지 않는다. 왜냐하면 그 국가는 상대적으로 '진정한' 경쟁력(예를 들면 천연자원 등)을 갖춘 다른 산업에 힘을 집중하면 되기 때문이다.

그런데 문제는, 우리가 앞으로 계속 다루겠지만, 실제 세계에서는 이 경쟁력이라는 것이 전혀 '진정하지' 못하다는 것이다. 오히려 외형적 경쟁력은 시장집중화나 잘못된 정부정책에 의한 산업구조 '왜곡'에 더 가깝다. 특히 제3세계의 경우 싼 인금과 노동착취에 의해 낮은 생산가가 유지되는 것에 지나지 않는다.

자유무역의 역사적 배경

다양한 이슈의 전 지구적 논쟁에 대한 논의를 진행할 때 우리는 항상 무역자유화의 역사적 배경을 염두에 두어야 한다. 세계경제사는 자유무역과 보호무역 사이에서 오랫동안 순환(혹은 진자운동)을 거듭하고 있다. 무역자유화를 향해 나아갈 때 이를 두고 '경제통합'(예를 들면, 미국과 캐나다, 멕시코는 NAFTA를 통해 경제적으로 통합됨)이 이루어진다고 하며 가장 최근의 경제통합 경향은 '경제 세계화

economic globalization'로 불리고 있다.

경제통합이나 세계화가 이전에는 없던 현상이라고 생각한다면 이는 큰 오산이다. 역사적으로도 유럽의 식민시대와 같은 명백한 사례가 있었다. 당시 식민통치 아래에 있던 국가들은 점차 유럽의 경제권 아래 통합됐다. 두 번의 세계대전을 거치면서 식민지 국가들은 독립과 함께 경제적 민족주의를 제창하였고 한 세기 동안 지속되던 무역자유화는 종결되었다. 이후 보호무역주의가 강세를 보이다가 1970~80년대 들어 다시 한 번 상황이 역전되기 시작했다.

1970년대 미국과 유럽의 경제는 임금 상승과 과도한 생산으로 위기를 맞게 된다. 그들은 곧 자국의 시장만으로는 소화하기 힘들 정도의 생산능력을 갖추게 되었고 위기를 극복하기 위해 제3의 시장을 열도록 안간힘을 쓰기 시작한다. 이는 제3세계 정부들로 하여금 보호무역주의를 택하도록 만들었지만 그 결과 남미 국가들은 막대한 부채에 허덕이게 되고 말았다. 제3세계 국가들은 부채문제를 타계하고자 다시 한 번 협상 테이블에 앉게 되었고, 이때 세계은행과 IMF 등이 출현하게 되었다.

구조조정－무역협정의 전조

남미 국가들은 부채 조정을 원했고, 북미 국가들은 남미 시장이 더 열릴 것을 기대했다. 결론은, 남미 정부들이 구조조정프로그램 SAPs을 받아들인다는 조건 아래 부채를 조정하는 것이었다. 구조조정프로그램의 핵심은 다름 아닌 관세와 수입제한을 없애는 무역자유화에 관한 것이었다. 자국 산업에 대한 지원책을 철회하는 것은 물론 국유산업의 민영화도 포함되었다.[19]

구조조정프로그램은 절정기였던 1970년대를 지나 1990년대까지 지속되었다. 제3세계 국가들이 무역자유화를 통해 받은 충격은 실로 컸다. 멕시코와 아프리카에서 볼 수 있는 이러한 구조조정프로그램의 여파는 WTO나 NAFTA, 그 밖의 다른 무역협정을 통해 자유화가 미치는 영향과도 밀접한 관계가 있다.

최근 진행되고 있는 무역협상에 대해 남미 정부들이 가장 크게 불만을 토로하는 것은 바로 '무역 불균형'에 관한 것이다. 왜냐하면 이미 시장을 일방적으로 개방했는데도 이제는 WTO를 통해서 그나마 남은 관세까지도 철폐하도록 요구받기 때문이다. 관세인하 비율만 보자면 남미와 북미는 큰 차이가 없거나 오히려 남미의 인하폭이 낮다. 하지만 이미 구조조정프로그램과 식민지적 유산을 통해 충격을 받고 있는 남미에게는 여전히 불평등한 조건일 수밖에 없다.

GATT에서 우루과이라운드, WTO까지

무역자유화가 무르익어가면서 자유화의 무게중심은 부채조정에 관한 협약에서 각종 무역협정과 조약들로 옮겨가게 된다. 이는 GATT에 대한 세간의 관심이 집중되면서 촉발되었다. 원래 GATT는 1948년 2차 세계대전 종결 직후 관세와 무역에 관한 규제를 통해 세계질서를 재편하기 위해 시작되었다. 그러나 초기 GATT는 (특허권, 저작권, 정부의 구매정책 등과 같은 서비스, 지적재산권 등과는 무관한) 실물무역에만 국한하여 적용되었고 대부분의 국가들은 서명조차 하지 않는 협정이었다. 그뿐 아니라 식량주권에 관한 우려 때문에 농산물에 관한 부분은 협정 내용에 포함되지도 않았다.[20]

　이런 분위기는 1986년에서 1994년까지 지속된 일련의 무역협상 시리즈인 우루과이라운드를 거치면서 변하기 시작한다. 우선 국제무역에 관한 원칙 가운데 서비스 부분이 지적재산권, 농업과 함께 포함되었다. 복합적으로 협상이 진행되었기 때문에 일련의 협상이 벌어지는 국가 이름에 '라운드round'를 붙이는 방식으로 회담을 지칭했다. WTO는 바로 우루과이라운드를 통해 만들어졌다.

　1995년, 낡은 GATT는 물러나고 국제무역에 대해 강력한 실력 행사가 가능한 새로운 글로벌 통상기구 WTO가 출범한다. 명문화되어 있는 WTO의 목표는 '모두가 일할 수 있는 사회를 만들고 장기적이고 지속적인 수입의 증가를 꾀하며, 상품과 서비스의 무역거래 증대를 통해 더 나은 삶의 질'을 만드는 것이며, 다른 말로는 시장주의에 기반을 둔 경제 발전이다. 이는 WTO 협정이 무역장벽의 완화, 비차별 정책 적용(강대국은 약소국을 지원할 수 없다)이란 기본적인 두 개의 메커니즘을 통해 자유로운 시장의 원칙을 국제적 차원에서 적용시키겠다는 것이다.

　또 하나의 중요한 원칙은, 적어도 이론상으로는, 개발도상국에 대한 특별한 배려다. WTO는 '개발도상국을 지켜줄 수 있는 노력이 필요하다. 특히 국제무역의 향상과 함께 저개발국가의 발전 또한 확보되어야만 한다'고 말한다.[21]

　WTO는 대략 2년에 한 번씩 장관급 회담을 개최한다. 장관급 회담에서는 WTO의 미래와 나아갈 방향에 대한 중대 결정들이 내려진다. 장관급 회담 사이에는 '통합회담built-in agenda'으로 불리는 회담이 열리는데, 여기에서는 농업, 서비스, 지적재산권 등의 방대한 주제를 다룬다. 지적재산권, 경쟁, 투자와 정부매입 정책 등 다른 많은 이슈가 있지만, 농업과 식료품 무역에 대한 사안만은 따로 농업 협정AoA이라는 이름 아래 진행되고 있다.

최근 핵심 이슈-농업, 회담에 제동을 걸다[22]

최근 몇 년간 진행된 무역협상에는 엄청난 언론의 관심과 공적 논쟁, 저항이 따랐는데, 그 가운데서도 핵심이 되는 사건들을 정리해보았다. 다양한 논쟁과 회담 실패 사례가 있지만 그 가운데 농산물 무역에 관한 회담으로 인해 전체 회담이 얼마나 난항을 겪게 되었는지에 주목하여 다음의 회담들을 살펴보자.

1994년: NAFTA 발효

1994년 1월 1일은 캐나다와 미국, 멕시코의 경제가 하나로 통합되는 NAFTA가 처음으로 발효되는 날이었다. NAFTA의 발효는 직접적으로는 수입 관세와 수입량 제한에 대해서, 간접적으로는 투자나 국내외 기업들 간의 경쟁 등에 대해서 선례를 남기게 되었다. 이는 미국이 추진하고 있던 미주자유무역지대FTAA나 최근 칠레나 중앙아메리카 등과 체결한 협정CAFTA과 유사한 모델이었다. 미국과 유럽은 WTO에서도 바로 NAFTA와 같은 모델의 출현을 고대하고 있었던 것이다.

NAFTA가 발효된 북미는 종종 현재 진행되고 있는 WTO, FTAA나 이미 체결된 CAFTA 등의 협정이 가져올 여파에 대해 짐작할 수 있는 '실험실'로 여겨지고 있다. 해외 투자자본이 멕시코로 유입됨에 따라 멕시코 농촌은 상당히 부정적인 타격을 입었고 무역자유화에 대한 문제제기가 줄을 이었다. 1994년 1월 1일, 멕시코 치아파스에서는 가난한 농민들이 맞게 될 결과에 대한 우려 끝에 NAFTA를 '멕시코 토착민을 죽이는 죽음의 판결'로 규정한 사파티스타 Zapatista의 농민봉기가 시작되었다.

1999년: WTO 시애틀 장관회의

1999년, WTO에 반대하는 수만 명의 시위대가 온 거리를 메우는 가운데 시애틀에서는 제3차 장관회의가 개최되었다. 시애틀 장관회의는 대중이 세계화라는 충격을 주목하게 된 시발점이 되었다. 다양한 주제가 논의되었지만 회의의 가장 주된 목적은 농산물 무역과 지적재산권(핵심적으로는 미국식의 특허권과 저작권의 세계적 확대)에 관한 논의를 진전시키는 것이었다. 하지만 농업 기준과 지적재산권에 대한 미국과 유럽 사이의, 남미와 북미 국가 사이의 상이한 입장차에다 회담 전개방식의 불투명성(회담 마지막 날 77개국의 대표가 회담장을 비웠다)은 거리로 쏟아지는 엄청난 시위대의 저항을 넘지 못했다.

2001년: WTO 도하 장관회의

다음 장관회의는 2001년, 시위대를 엄격히 통제하는 가운데 카타르의 페르시안 걸프주에서 개최되었다. 도하 라운드Doha Round의 개막을 알리는 성명은 발표되었지만, 다시 한 번 협상 참가국들은 구체적인 합의를 이끌어내는 데 실패했다. 이 새로운 '개발협상'에서는 남미 국가들의 제안으로 기존 WTO 아젠다에서 벗어나 상대적으로 덜 직접적인 무역 관련 주제들이 '새로운 이슈'로 떠올랐다. 기존의 협상으로 이미 경제적 타격을 입은 남미와 저개발국가들을 위해 선진국들이 이들을 이해하고 배려해야 한다는 것이 새로운 이슈의 골자였다(다른 말로 하면, 가난한 국가들은 '특별'하거나 '기존과 다른' 협정을 선택할 수 있도록 배려하라는 것이다).

2002년: FTAA 퀴토 협상

도하 장관회의 이후 2003년 멕시코 칸쿤에서 제5차 장관회의가 있기 전까지 WTO는 물론이고 다른 주요 포럼이나 무역협상에서도, FTAA 협상에서도 별다른 중대 합의는 이루어지지 않았다. 2002년, 에콰도르의 퀴토에서 열린 농업협상 때도 이에 반대하는 농민단체와 에콰도르 국민들로 구성된 반대시위가 거리를 가득 메웠고, 결국 FTAA를 향한 중요 협정 체결은 저지되었다. 우리가 이미 살펴보았던 것처럼, 퀴토에서 열린 남미와의 무역장관회의가 실패로 끝나자 미국 대표단을 이끌었던 로버트 졸릭은 FTAA에서 미국이 얻지 못한 것을 WTO에서 얻어내고 말 것이라고 말한 바 있다.[23]

2003년: WTO 칸쿤 장관회의

시애틀 회담 이후 칸쿤 회담 또한 농업 관련 협상 때문에 저지되었다. 여전히 거리를 가득 메운 반대시위 인파와 이경해의 자결, 또다시 등장한 남미 국가들의 협상 블록은 미국과 유럽 중심의 협상에 대항마로 작용하였다.[24]

2003년: 마이애미 WTO 협상 규모 축소

농업 관련 이슈에 있어서 끝까지 의지를 굽히지 않았던 남미 국

가들로 인해 별다른 소득 없이 마무리된 칸쿤 회담, 그후 2개월이
채 못 되어 열린 FTAA 회담 또한 결렬되었다. 미국은 체면이라도
세우기 위해 협상 규모를 대폭 축소했고, 언론은 이를 두고 'FTAA-
lite(FTAA석, 돌처럼 죽은 협상이라는 뜻-옮긴이)'라며 비꼬았다.[25]

2003년 6월: 소규모의 무역협정

칸쿤 회담이 끝날 무렵 미국 측의 졸릭이 미국이 '할 수 있다고
믿는 국가들과 함께 자유무역을 향한 전진을 계속[26]할 의지가 있다
고 밝힌 대로 칸쿤 회담 직후, 브라질의 리우에서는 미국과 유럽이
상대적으로 '유연한' 자세를 가진 국가들과 다양한 양자간 무역협
정과 지역 단위의 협정(CAFTA 같은)을 맺었다.[27]

2004년: WTO, 7월의 진전

2004년 7월, WTO의 회원국들은 2005년에 열릴 제6차 장관회의
의 '의제선정'을 위해 다시 한 번 모였다. '7월협정'으로 불린 이 회
담의 결과는 사실 8월에 발표되었는데, 미국과 유럽이 자국의 보조
금 가운데 일부를 삭감할 것에 약속함에 따라 남미 국가들이 농업
과 기타 통상 이슈에 관해 다시 한 번 협상에 임할 것을 약속하는 자
리가 되었다. 그러나 협상에 참관자 자격으로 참가했던 국가의 대
표들은 눈가림을 넘어선 실제적 진전은 전혀 없었다고 전했다.

2005년: 협상 지속을 약속한 홍콩 협상

2005년 12월, 홍콩에서는 제6차 WTO 장관회의가 개최되었다.
거리는 농민들과 각종 단체로 구성된 시위대로 넘쳐났다(한국에서만

2000명의 시위대가 이경해를 추모하며 참가했다). 그럼에도 불구하고 브라질과 인도가 다른 제3세계 국가들과 달리 입장을 선회하여 '덩치들'의 무리에 합류했다. G20의 소위 핵심적 국가로서 브라질과 인도는 영향력을 발휘하여 '7월협정'을 받아들이고 교착상태에 빠진 협상을 재개하는 데 큰 역할을 했고 강대국들의 이해를 위해 봉사했다. 2013년까지 보조금을 삭감할 것이라는 미국과 EU의 막연한 약속을 믿고, 남미 국가들은 시장개방을 진전시킬 것에 합의했다.[28] 최초의 합의다운 합의가 홍콩에서 이루어진 것이다. 그러나 협상은 이제 시작에 불과하다.

도대체 무엇이 그토록 문제일까? 왜 각국 정부들은 농업과 관련한 무역회담에서 합의에 이르지 못하고 보조금이나 관련 정책들에 대해서 난색을 표명할까? 그리고 왜 농민단체들은 구호를 외치며 거리로 몰려나갔던 것일까?

FOOD IS DIFFERENT

식량주권

핵심 이슈와 오해, 의견불일치 그리고 대안적 패러다임

Key Issues, Misconceptions, Disagreements and Alternative Paradigms

핵심 이슈와 오해, 의견불일치 그리고 대안적 패러다임

Key Issues, Misconceptions, Disagreements and
Alternative Paradigms

무역자유화와 관련해서는 워낙 다양한 찬반양론이 존재하기 때문에 혼란에 빠지기도 쉽고, 정부의 화려한 미사여구에 현혹되기도 쉽다. 따라서 핵심적인 이슈가 무엇인지를 우선 밝히고 일반적인 오해를 지적한 후에 정부와 정부 사이, 각 정부와 전 지구적 시민사회 사이에 존재하는 쟁점이 무엇인지를 살펴보도록 하자. 다음의 목록과 짧은 설명은 포괄적인 논쟁을 이해하는 데 도움이 될 것이다.

관련 이슈들이 WTO 진행 과정에서 어떻게 구체화되거나 무시되는지를 확인하려면 이 책 뒤 Special Topics의 〈WTO는 어떻게 농업을 지배하는가〉를 보라. 2장에서는 지배적인 무역자유화 모델을 대체할 만한 두 가지 대안적 패러다임을 소개한다.

현재 무역협상의 핵심 이슈

현재의 협상과 논쟁의 양상은 다양한 핵심 이슈들의 조합으로 구성되어 있다.

시장 접근

이는 남반구와 북반구 정부를 통틀어 중요한 이슈다. 우리가 역사적 배경을 살피면서 이미 확인했듯이, 미국과 EU가 남미와 그 밖의 국가의 시장에 접근하고자 했던 것이 초기 구조조정프로그램이지만 이것은 이후 무역협상들의 주요 동기가 되었다. 한편 최근에는 선진국들의 비관세장벽에 의해 이들 국가의 시장에 대한 접근이 제한되고 있다는 등 형평성 문제가 화두로 등장하고 있어 오히려 후진국의 수출품이 '선진국 시장에서 유통'될 수 있도록 하자는 목소리도 터져나오고 있다.

브라질, 중국, 남아프리카, 인도 등 소위 G20으로 불리는 남반구 농업 수출대국들의 연합은 이미 이와 같은 의견에 대한 합의를 도출하여 칸쿤에서 발의한 바 있다(정부 협상블록과 그들의 주장에 관해서는 Special Topics 〈국가 블록의 종류〉를 참조하라). 미국과 유럽은 미사여구를 동원해서 자국의 시장을 개방하겠다고 하지만 항상 구체적인 조항은 확정하지 않았으며, G20 국가들과 언론은 선진국의 위선을 밝히고 협상을 무효화했다(박스 2.1을 보라. 이와 관련한 정부의 이중적 자세를 엿볼 수 있다).

미국을 포함한 많은 정부들이 무역에 관한 진심을 숨긴 채 완곡한 표현으로 국민을 기만하고 있다. 미국의 예를 들면, '미국이 무슨 말을 하는지가 아니라 무슨 행동을 하는지'를 살피는 기술에 있어서는 도가 튼 세계 각국 정부와 시민단체(농민단체나 NGO들)가 있기에, 무역에 관한 한 미국 정부의 오랜 위선과 이중적 발언에 대해 반감을 품은 사람들이 상당히 많다. 이 기사는 미국 정부가 무역에 관해 발표한 내용에 대한 몇몇 표본에 불과하다.

설명: '높은 관세'를 부과하는 국가는 가난한 국가들이며, '낮은 관세'를 부과하는 국가는 부유한 국가다. 주요한 국내 지원을 수행할 수 없는 가난한 국가의 경우 몇 안 되는 농산물 무역규제 방안 가운데 하나인 관세를 잃게 될 것이다.

해석: 우리(미국)가 하는 일은 '무역 왜곡 제거' 작업으로 불릴 것이며, 반대국들이 하는 일은 '무역 왜곡'으로 불릴 것이다. 우리는 우리가 하는 일에 있어 제한 없는 권리를 행사하겠지만 다른 모든 국가는 그 권리에 대해 엄격히 제한받을 것이다.

배너멘의 야심찬 WTO 제안 아우트라인

온라인 농업 뉴스, 2002년 7월 26일

일본, 나라에서 배너멘은 향후 글로벌 농업 무역이 나아가야 할 방향에 대해 야심차게 아우트라인을 제안했다.……

배너멘은 미국의 제안이 국제 무역장벽을 획기적으로 낮출 수 있으며 무역 왜곡을 가져오는 국내 보조금 및 수출 보조금을 없앨 수 있다고 말했다. 특히, 미국은 모든 WTO 회원국들이 높은 관세를 철회하여 향후 5년 이내 25퍼센트 이상 부과되는 높은 관세를 그 이하 수준으로 낮출 것을 주장한다고 말했다.

보조금은 무역과 비무역 모두에 왜곡을 가져온다. 무역과 관계없는 지원의 경우 제한 없이 유지할 수 있지만 무역에 왜곡을 가져오는 지원

메시지: 다른 국가들은 수출 보조금을 지불하고 있지만 미국은 그렇지 않다(수출 신용금으로 활용되는 수십억 달러는 수출 보조금 정의에서 삭제하도록 한다).

이게 도대체 무슨 말인가? '공공 무역기업'에는 가난한 국가의 농민들이 자국 시장에서 물건을 팔 수 있도록 하는 중개상도 포함된다. 국제 농산물 무역거래 기업에 대한 어떤 규정도 제안된 바가 없으며, 기업이 문을 닫거나 민영화되는 방법 등으로 대체되었다.

이제 무슨 일이 벌어질 것인가? EU는 자신들의 보조금 정책을 미국과 같이 변환할 것을 결정했다. 차후, 미국과 유럽은 공히 제한 없는 보조금 정책을 펼 것이다.

의 경우 그 국가의 농업 생산량 대비 5퍼센트 이내로 지원을 줄여야만 한다. 수출 보조금의 경우 단계적으로 지원을 축소하여 5년 이내에 중단해야 하며, 공공 무역기업들을 위한 규정이 요구된다.

현재 유럽연합의 경우 전체 농업 생산 대비 25퍼센트에 해당하는 부분을 지원할 수 있고, 일본은 40퍼센트를 지원할 수 있지만, 미국은 10퍼센트 범위 이내에서만 지원할 수 있다. 게다가 미 농무부의 발표에 따르면 유럽연합의 경우 '블루박스' 프로그램의 일환으로 200억 달러가 넘는 금액을 사용해 무역시장을 왜곡시키고 있다. 반면 미국은 단 1달러도 지불하지 않고 있다.

한편, G20이든 미국이든 유럽이든 시장개방이라는 현실적 주제에 관해서는 같은 자세를 견지하고 있다는 사실에 주목할 필요가 있다. 브라질과 인도 또한 2005년 홍콩 회담에 이르러서는 제3세계 국가들이 협정문에 서명하도록 종용하는 등 입장을 바꾸기 시작했다. 이처럼 G20 국가들은 무역자유화의 패러다임을 받아들였다. 다만, 그 적용에 있어 선진국보다 더 많은 개방에 대해 형평성의 문제가 있다고 지적할 뿐이다. 농산물 수출대국으로서 그들은 자유무역의 확대를 통해 미국, 유럽과 마찬가지로 이득을 얻고자 한다.

가족 단위의 소농, 농민조합은 다른 입장을 견지하고 있다. 선진국과 후진국의 구분이 없는 전 세계적 농민연대인 비아 캄페시나의 경우, 세계 농산물의 대부분이 소요되고 있는 각 국가 내의 시장이 수출이나 무역보다 얼마나 중요한지를 역설한다. 시장개방이 농산물 수출업자에게 도움이 된다는 사실에는 그들도 동의하지만, 더 중요한 사실은 세계 농민 가운데 지극히 일부만이 그 수혜자가 될 것이라는 것이다. 그들은 일부 수혜자가 이득을 보는 동안, 세계 농민의 절대다수는 싸디 싼 수입 농산물과의 불공정 경쟁에서 패배할 수밖에 없다는 논리의 주장을 펴고 있다.

국내 보조금

국내 보조금이란 농민과 농산업 서비스 관계자에게 정부가 금전적으로 지원하는 것으로서 농작물이나 가축가격 지원, 수입물량 제한 등의 국내 지원 정책 전체를 포괄적으로 지칭하는 국내 지원과는 차이가 있다. WTO의 지배적 패러다임에 따르면 보조금은 다음의 두 종류로 나뉜다. 하나는 결국에는 수출될 물건에 대한 보조금이 생산 단계에서 지급되는 것으로서 보조금이 없이는 생산할 수 없는 경우로 시장을 왜곡시키는 것이고, 다른 하나는 시장을 왜곡시키지 않는 보조금이다. 후자의 예로는 토질 보존을 위한 지출이나 경작을 그만두는 데 소요되는 비용 보조 등이 있다.

WTO 패러다임에 입각하여 생각할 때 국내 보조금은, (특히 시장 왜곡에 관하여) 농산품 무역에 관한 글로벌 시스템의 형평성을 해치는 기제로 작용한다. 부유한 국가일수록 가난한 국가에 비해 많은 보조금을 지원할 수 있고, 실제로 그래왔다. 보조금이 없다면 세계 시장에서 훨씬 비싸게 팔 수밖에 없는 생산물이 보조금에 힘입어 가격경쟁력을 획득하고 있는 것이다.

미국과 유럽 국가들은 자국의 보조금 정책을 철회하겠다고 장담하지만, 실제로는 유보적이거나 시장의 왜곡이 전혀 없어 보이는 보조금 정책으로 '변장'시키는 전략을 구사하고 있다(Special Topics ⟨WTO는 어떻게 농업을 지배하는가⟩를 보라). 따라서 이 국내 보조금과 관련한 이슈는 무역 정상회담에서 여러 차례 제기되었으며, 합의점 도출에 실패하는 주요 요인으로 작용했다.

한편, 농민단체들과 무역 경제학자들의 경우 보조금 정책에 대해 다른 관점을 가지고 있다. 그들은 만약 선진국의 보조금 정책이 내일 당장 사라진다 하더라도 터무니없이 싼 곡물과 가축 가격은 전 세계 상품시장에서 쉽게 사라지지 않을 것이라고 말한다. 특히, 농산물 관련 단체들은 '부적절하고 사치스런 보조금'은 공적 영역의 서비스와 이를 지원하는 예산과 분명히 다르다고 지적하고 있다. 즉, 환경보존과 지역 발전을 위한 경제적 지원이나 사회적·문화적 가치를 지켜낼 수 있도록 농민의 기본적인 생존권을 보호해주는 합법적 지원을 단순히 시장왜곡 기제로 보는 시각에 대해 경계해야 한다는 것이다. 그들의 주장에 따르면 옳지 못한 방향으로 '국내 보조금' 정책이 활용될 수 있다는 이유만으로 합법적인 정부 지원이 제한받는, '목욕물과 함께 아기까지 버리는' 불행한 상황이 연출되고 있다.

수출 보조금

수출 보조금은 논쟁의 뼈대를 구성하는 주요 이슈 가운데 하나로, 미국과 유럽은 교착상태에 빠진 WTO 협상을 재개하기 위해 이에 대해 양보한 바 있다. 선진국 가운데서도, 특히 EU의 경우 수출업자를 위해 대규모의 보조금을 지원하고 있으며(농민에 대한 직접적인 지원보다는 대부분 농산품에 관한 지원이다) 이는 시장에 큰 영향을 끼치고 있다. 미국의 경우(WTO에서 제한하고 있는 수출 보조금에는 포함되지 않는) 수출업체들에 대해 신용혜택을 부여하는 방식으로 '교묘히' 수출을 보조하고 있다. 그러나 미국은 2004년 '7월협정'에서 자국의 신용혜택 방식이 수출 보조금의 일환으로 작용할 수 있음을 원칙적으로 인정했고, 미국과 유럽 모두 홍콩 장관회의를 통해 수출 보조금과 관련된 제반정책을 철회할 것을 약속했다. 그러나 이들 선진국들이 진정성을 가지고 수출 보조금 철회 약속을 이행할지에 대해서는 대부분 의심하고 있다.

덤핑

덤핑에 대한 기술적 견해와 용어정의에 관해서는 다소 이견이 있지만, 일반적으로 '덤핑'이라 하면 특정 물건을 생산가 이하의 가격이나 생산국의 시장가 이하의 가격으로 제3의 국가에 판매하는 행위를 말한다. 한 국가에서 농산물이 생산되는 가격 이하로 수입 농산물이 들어가 판매될 경우, 그 국가의 농민은 가격경쟁력을 상실하고 파산에 이르게 된다. 따라서 WTO에서는 이를 반자유경쟁적 관례로 인정하고 제한할 것에 동의하였다. 그러나 관련 조항의 문자적 정의가 실제로 반영되기 위해서는 상당한 외교적 절차와 비용이 필요하기 때문에 미국과 유럽 국가들만 반덤핑 제재를 활용하고 가난한 국가들은 거의 엄두를 내지 못하고 있는 상황이다. 가난한 국가들이야말로, 특히 식료품과 농산물에 대해서, 모두가 인정하는 덤핑의 피해자인데도 말이다.

저개발국가들은 덤핑 문제를 상당히 심각하게 받아들이고 있지만, 시장개방이나 보조금 정책에 관한 다른 사안들만큼 실제 회담에서 다루지는 못하고 있다. 이는 어떤 사안을 회담의 의제로 다룰 것인지에 대한 경쟁에서 정치적 힘이 부족한 약소국들의 의사가 충분히 반영되지 못하기 때문이다.

일반적으로 제3세계 국가의 경우 자국시장을 상대로 농사를 짓는 농민이 국민 대다수를 차지하고 있기 때문에 덤핑은 이들의 생계수단 자체를 위협하고 있다. 반면, 극히 일부만이 생산물을 국제시장으로 수출하고 있으며, 국내 보조금이 철회되면 그들만 혜택을 받게 된다. 때문에 비아 캄페시나는 저개발국가, 특히 G20 국가 정부가 선진국의 보조금 정책 양보에 대한 화답으로 자국의 반덤핑 제재를 철회하여 대다수 농민을 위험에 빠뜨리고 경제적·정치적 힘을 가진 소수만을 위하는 상황에 대해 비난을 퍼붓는다.

덤핑을 경계해야 하는 이유는 바로 덤핑을 야기하는 구체적 메커니즘에 있다. 과거에는 보조금 정책이 덤핑을 유발시켰던 반면, 최근에는 시장의 집중화에 따른 약소 공급자의 퇴출과 미국, 유럽 정부가 지원하는 가격정책 등이 오늘날의 곡물과 가축 가격을 지속적으로 하락시키는 주요 원인이라는 연구 결과가 있다. 지난 20년 동안 나타난 몇몇 무역업체들은 주요 농산물을 대량으로 구매하고, 이를 통해 얻은 시장에서의 힘을 이용해 가격을 될 수 있는 한 낮춘 후 외국의 시장에서 같은 제품이 생산되는 가격 이하의 금액으로 판매해왔던 것이다. 동시에 미국과 유럽 국가들은 공급 관리와 가격 지원을 줄이는 방향으로 자국의 농업 관련 정책을 변화시켰다.

시장집중화

덤핑과 연관된 문제가 진정으로 심각하게 받아들일 문제라면, 독점과 과점(현재 협상 테이블에서는 다뤄지지 않고 있다)에 대해서도 살펴볼 필요가 있다. 농민단체들의 경우 농산물 교역과 관련하여 독과점 문제에 대해 명확한 입장을 가지고 있지만 정부의 경우 진지하게 받아들이고 있지 않다.

특별하고 차등적인 대우―특단의 세이프가드

대부분의 저개발국가들은, WTO가 지구적 차원의 무역 시스템에서 발생되는 수입을 개발도상국들, 특히 저개발국가들을 위해 '긍정적'으로 활용하기로 한 처음의 약속을 지키지 않고 있다고 주장한다. 그들은 무역거래를 통해 얻은 불이익을 상쇄할 만한 '특별'하고 '차등적'인 대우를 요구한다. 농산물 수출대국이 없는 G33 국가들은 저개발국가들이 자국의 '주요 생산품'과 경쟁하는 해외의 싼 수입품 유입을 제한하여 경제적 안정은 물론 지역의 발전과 식량안보, 빈곤 방지를 목적으로 하는, 이른바 '발전 보조' 제도를 요청하고 있다. 그렇게 된다면 농산물 등에 대한 관세 인하도 없을 것이다. 이들은 또 특정 품목에 대한 수입이 지나쳐서 국내 경제를 위협할 경우, 그 대상이 '특별'한 것이든 아니든 상관없이 특별관세를 부과할 수 있도록 하는 '특단의 세이프가드 메커니즘SSM'을 요구하고 있다. 이 둘을 합치면 '특단의 세이프가드'가 될 것이다.

아프리카와 카리브, 태평양과 저개발국가의 연합체인 G90는, G33의 세이프가드와 G20의 선진국 보조금에 대한 견해를 모두 지지하고 있다. 미국과 EU 또한 약간의 입장차는 있지만 저개발국가들에서 넘어오는 값싼 수입품에 대해 국산품을 보호하기 위해서 이와 같은 세이프가드를 지지하고 있다. 농민단체들은 이에 대해 비록 '괜찮은 조율'이기는 하지만 무역자유화 패러다임에서 벗어나지 않는 한 근본적인 대책은 될 수 없다고 평가하고 있다.

식품과 농업에 영향을 미치는 다른 이슈들

비록 이 책에서 다 소개할 수는 없지만, 농업과 지역사회에 영향을 미치는 무역협상의 이슈에 대해서는 논쟁거리가 무궁무진하다. 한 가지 예를 들자면, 먹거리의 질과 안정성에 관한 논쟁이 있다. 이 주제에 이르면 저개발국과 선진국 간은 물론 미국과 유럽 간의 입장차도 상당해진다. 미국과 입장을 함께하는 WTO의 규정에 따르면 제품이 생산되는 과정이야 어떻든지 생산이 완료된 물품만 '과학적 방법으로 철저히' 검증되면 된다. 여기에 '과학'과 '생산 과정'의 기준이 무엇이냐에 대한 논쟁이 뒤따르고 있다.

대부분의 국가와 학자들의 경우 앞으로 닥칠 수 있는 위험이 얼마나 큰지 과학적으로 충분히 설명할 수 없다면 우선은 조심해야 한다고 믿지만, 미국은 국제협상 테이블에서 이에 대한 반대 입장을 표명하고 있다. 미국은 다른 국가들이 주장하는 것처럼 '예방적 원칙'을 내세우는 것이 오히려 비과학적이라고 주장한다. 예를 들어 유전자변형 식품이나 성장호르몬 처리된 쇠고기 등의 경우 위험할 수 있다는 '과학적 증거'를 확보하지 못했기 때문에 안전하다는 것이다.

   반면 '생산 과정'을 주장하는 측에서는, 설사 유전자변형 식품이 인간에게 해를 끼치지 않더라도 생태계에 영향을 미칠 수 있는 이론적 여지가 충분하다는 것을 지적한다. 이 사례에 따르면 미국적 기준에 따라 완성품(수확 후의 작물)은 과학적인 안전이 검증될 수 있다고 하더라도 생산 과정(작물을 재배하는 과정)에서는 전혀 그렇지 못한 경우가 포함될 수 있다.

   또 하나의 중요한 이슈는 아예 농산물에 대해서 별개의 협의가 있었던 WTO의 무역관련지적재산권협정TRIPS에 관한 문제로 미국과 유럽은 물론, 제3세계 국가 간에도 이를 둘러싼 갈등이 있다. 협정에 따르면 세계 모든 국가는 미국식의 저작권 보호법과 '식물다양성 보호'를 인정해야 하며, 이에 따라 세계 모든 농민들은 외국 회사들이 특허권을 가지고 있는 농작물에 대해 로열티를 지불해야만 한다.

   제3세계 국가들은 수사적 차원에서는 무역관련지적재산권협정을 수용하고 있지만, 한편으로는 WTO가 요구하고 있는 등록을 지연시키는 등 포괄적이고 조직적인 저항운동을 펴고 있다. 결론적으로 세계 각국의 농가와 소작농, 환경론자, 소비자, 토착민, 노동조합

등이 예방적 원칙에서의 지적재산권 문제에는 찬성하지만 지적재
산권협정에 대해서는 반대하고 있다.

🍚 대안적 패러다임

여기 두 가지의 중요한 대안적 패러다임이 있다. 둘 다 막대한 파
급효과를 지니고 있다. 한 번 살펴보도록 하자.

다기능성

이 개념에 따르면,[29] 농업은 단순히 무역 가능한 상품을 생산하는
활동이 아니라 사회의 다양한 기능을 수반한다는 의미가 있다. 이
관점을 지지하는 측에서는 농업이 자연경관과 가축은 물론 지역사
회의 전통문화를 지켜내고, 무역협정에서 반드시 지켜내야만 하는
식량주권의 문제와도 연관되어 있다고 말한다.[30]

본래 다기능성은 EU가 유럽 농민들을 지원하는 보조금을 유지하
기 위해 먼저 주창했다. EU는 한때, 제3세계 국가들의 지지를 호소
하기도 했다. 하지만 미국은 EU가 농산물 수출업자에게 보조금을
지원하면서도 정작 일반 농민을 배려하지 않는 위선적 행동에 대해
지적한 바 있다. 물론 미국 또한 값싼 농산물 수출업체들이 일반 농
민의 생계를 위협하고 있지만, 결국 이 때문에 EU는 다기능성에 대
한 논의를 더 이상 지속할 수 없게 되고 말았다.

그러나 한국, 대만, 노르웨이, 스위스 등 비교적 선진국이지만 주
요 농업 수출국은 아닌, 그러면서도 소규모 농작이 중요한 의미를

지니고 있는 G10 국가들이 이 개념을 지지하고 있다. 이들 국가들은 농업이 경제적 활동인 동시에 지역 문화의 동질성을 유지시키며, 믿을 만한 식탁을 책임지고 있다고 믿는다. 이들은 또한 농산물 가격의 동요에 대해서도 염려한다. 일본, 한국, 노르웨이와 같이 농산물 수입이 많은 국가의 경우 식량주권 문제를 공익의 문제라고 생각한다. 식량 공급을 완전히 수입에 의존할 경우 발생할 수 있는 정치적·경제적 압박에 대해 경계하는 것이다. 일본이나 한국과 같이 논농사를 짓는 국가의 경우 환경문제와 농사의 연관관계에 대해서도 강조한다. 이처럼 다양한 공익적 측면을 고려해야 하기 때문에 G10 국가들은 여전히 무역협상에 있어서 소극적인 자세를 유지하고 있다.

식량주권

식량주권의 개념은 비아 캄페시나에 의해 개발된 이후,[31] 1996년 세계식량정상회의World Food Summit에서 지금까지의 식량과 농업에 대한 논란의 틀을 바꾸는 대안적 패러다임으로 제기되었다. 그 후 식량주권 개념은 선진국, 후진국 구분 없이 시민사회에서 엄청난 인기와 반향을 불러일으켰고, 총체적이면서도 논리적인 대안적 체제로 발전하기에 이른다.[32] 다기능성에 대한 개념과 마찬가지로 식량주권 또한 농업의 '특수성'에 기반을 둔 개념이다(예를 들어 공업과는 다르다).

식량주권 주창자들은 식료품과 농업이 단순한 거래의 대상을 넘어선다고 주장한다. 즉, 한 지역 혹은 국가 내의 시장을 위한 생산은 국가와 지역의 경제를 지켜주고, 빈곤과 기아를 방지하며, 지역의 생계와 경제를 보장할 뿐 아니라 천연자원의 관리를 통해 환경보존 기능까지도 수반하기 때문에 수출을 위한 생산보다 다양한 측면에서 중요한 역할을 감당한다.

따라서 모든 국가와 국민은 자국만의 식량, 농업, 농산정책을 가질 권리가 있으며, 수입이나 덤핑, 혹은 다른 외부충격에서 국내 시장을 보호하고 농업을 지키기 위해 공적자금을 투입할 명분이 충분하다는 것이다. 그들은 현재 세계 곳곳의 농민들이 겪는 고통의 가장 큰 이유가 저가의 수입농산물이라고 믿기에 덤핑, 독과점 등에 효과적으로 대응할 수 있고 대량 식량 수출국의 과잉생산을 저지할 수 있도록 직간접적 보조금을 철폐하는 국가적·국제적 차원의 제재가 마련되어야 한다고 주장한다. 다시 말하자면, 농산물의 가격을 떨어뜨리는 현재의 메커니즘에서 농민과 소비자 모두에게 적절한 가격이 유지될 수 있는 메커니즘으로 전환해야 한다는 것이다.

식량주권 개념은 토지 재분할이나 소유 토지 총량 제한, 품종(특히 품종에 대한 특허를 포함하여), 토양, 하천, 삼림 등에 대한 정부의 공정한 통제권을 포함한다. 학계와 각계 전문가 집단도 차차 식량주권 접근방식의 중요성을 진지하게 받아들이기 시작하였고,[33] 2002년 세계식량정상회의에서는 유엔 식량농업기구FAO 사무총장인 자크 디오프와 농민단체, 시민사회단체 간에 공동노력에 관한 합의가 발표되기에 이른다.[34]

FOOD
IS
DIFFERENT

식량주권

덤핑과 보조금은 무엇인가

Dumping and Subsidies:
Unraveling the Confusion

CHAPTER 03

덤핑과 보조금은 무엇인가

Dumping and Subsidies: Unraveling the Confusion

 ## 미국산 면화 보조금 사례

면화 가격은 보조금으로 인해 상당히 왜곡돼 있다. 미국이 면직물 공급조정 정책을 그만둔 1996년 이후, 세계 면화시장은 과잉 공급으로 큰 어려움을 겪었는데, 이는 보조금이 덤핑을 유발한다는 일반의 생각을 뒷받침해주는 적절한 사례로 평가되고 있다.[35] 이제는 많이 잊혔지만 당시 농민단체들은 다양한 대안을 제시하여 이것을 공론화하기도 했다.[36]

국제발전기구ODI에 따르면, 세계 면화 생산물 가격의 20퍼센트 이상은 주로 미국과 중국, EU 정부들의 보조금에서 나온다고 한다.[37] 예를 들어 2001년에서 2002년 사이 미국 정부가 면화 생산에 쓴 보조금은 23억 달러에 이르고, 같은 시기 중국은 12억 달러, EU는 7억 달러의 보조금을 썼다. 이 보조금들 덕에 면화는 과잉 생산되었고, 세계 각국의 시장에서 현지 생산가 이하로 판매되었다. 면화 가격은 곧 곤두박질쳤고, 면화 생산을 주요 외화 수입원으로 삼고 있는 가난한 국가들은 심각한 타격을 받았다.

아프리카의 차드, 부르키나파소, 말리, 베냉 등이 칸쿤에서 이와 같은 이슈를 제기했다. 이들 국가들에서 면화 생산은 국민총생산의 5~10퍼센트, 총수출의 3분의 1, 농산물 수출의 3분의 2 이상을 차지하는 주요 수입원이었다. 그들은 면화에 대한 보조금을 단계적으로 축소하다가 결국에는 완전히 없애서 최저개발국가들LDCs(최빈국)이 잃어버린 수입을 되찾을 수 있도록 해야 한다고 주장했다. 그들의 제안은 많은 언론의 주목을 받았지만, 실제적인 협상에는 전혀 반영되지 못하다가 이후 홍콩 협상에서 미국을 포함한 관련국들 사이에 미약하게나마 합의가 이루어졌다.[38]

2003년 WTO 회담에서는 경제적 상황이 그나마 괜찮았던 브라질이 미국의 면화 보조금 정책을 공식적으로 비판하고 나섰고, 이후 WTO는 미국의 면화 보조금이 무역시장을 왜곡시키는 일반적 국내 보조금과 동일하다는 결정을 내린다.[39] 브라질은 미국이 16억 달러에 달하는 직접 보조금과 미국산 면화를 사용하는 공장과 농기업에 제공한 17억 달러에 이르는 신용혜택 정책이 WTO 농업행동계획을 정면으로 위반한 것이라는 취지의 제소를 상정했다.

브라질의 주장에 따르면, 미국이 불법적인 면화 생산 보조금을 철회할 경우, 현재 세계시장의 40퍼센트를 차지하는 미국산 면화의 점유율은 29퍼센트 이하로 떨어지고, 수출은 41퍼센트 감소, 세계 면화 가격은 12.6퍼센트 상승하여 브라질의 면화 생산자들에게 이익이 돌아갈 것이다. 이에 대해 미국은 면화 보조금은 국내 생산을 위한 보조금일 뿐 세계시장에 전혀 영향을 끼치지 않기에 WTO의 원칙과 비교할 때 불법적인 면이 전혀 없다고 강력히 항변했다.

미국의 면화 보조금을 불법으로 인정한 WTO의 판정은 다른 상품에 대한 각종 보조금 문제를 해결하는 시발점으로 인정받아 큰 호응을 얻었다. 제3세계에서 뉴욕타임스에 이르기까지 다양한 관점에서 WTO의 이번 결정을 긍정적으로 평가했다.[40]

그러나 비아 캄페시나와 같은 소규모 농민단체들은 우려를 표명했다. 이번 결정에서 지나치게 넓은 의미의 보조금 정책이 불법적인 사례로 받아들여지고 있기 때문에, 부적절한 보조금 외에 꼭 필요한 보조금까지도 향후 불법적인 것으로 치부될 가능성이 생겼기 때문이다.

유럽농민조합 대변인 폴 니콜슨과 비아 캄페시나[41]의 국제협동조합 회원들은, 이번 결정이 미국의 불법적 보조금에 제재를 가하게 되는 등 처음에는 일부 긍정적인 희망을 보인 것이 사실이나 한편으로는 죽음의 전조가 될 수도 있다고 말한다. 선진국이든 후진국이든 각국의 농민들은 지역농업의 발전을 위해 일정 부분 공적자금(다른 말로 하면, 보조금) 지원이 필요한데, 이번 결정이 '나쁜' 보조금뿐 아니라 모든 종류의 보조금 철회를 요구할 수 있는 전례를 남겼기 때문이다. 농민에게 보조금 그 자체는 적이 아니다. 중요한 것은 '얼마나 큰' 보조금이 '누구'에게 주어져서 '어떤 결과'를 낳게 되는가 하는 것이다.

농업 보조금 - 누가 혜택을 받나

미국에서건 유럽에서건 농업 보조금 혜택은 더 넓은 농장을 소유하고 더 부유한 농민들에게 집중적으로 돌아간다. 농업 보조금의 수혜자들은 대부분 농민이라기보다는 기업가에 가깝다. 그들이 농민이건 기업가건 농산물 가격 하락의 주범인 것에는 변함이 없다. 그들은 농산물 가격이 하락하면 해당 작물 농사를 줄이기보다는 농작지를 넓히거나 수확량을 늘리는 방법으로 매출 감소에 대응한다. 그 결과, 가만히 놔둘 경우 적정 가격이 유지될 수 있는 농산물 가격이 지속적으로 하락한다. 끝을 모르고 떨어지는 농산물 가격, 그것이 바로 농업 보조금의 결과인 것이다.

미국에서는 지난 1995년부터 2002년까지 1140억 달러의 농업 보조금이 편성되었다. 매년 평균 142억 5000만 달러가 사용된 것이다. 전체 보조금 가운데 약 80퍼센트에 육박하는 금액이 농작물을 생산하는 농부나 기업의 수입 지원에 사용되었다. 12.5퍼센트는 이른바 '환경보존 프로그램'(실제로는 환경보존을 더욱 어렵게 만들었다)의 형태로, 나머지 7퍼센트는 자연재해 프로그램의 형태로 사용되었다.[42] 전체 농업 보조금 가운데 상위 1퍼센트의 부유한 농민에게는 연평균 21만 4088달러, 상위 20퍼센트에게는 평균 9916달러가 돌아갔고, 나머지는 거의 받지 못하거나 아예 보조금을 받지 못했다(표 3.1 참고). 미국 농민 대다수는 싼 농산물 가격 때문에 빚에 허덕이고 있다.

표 3.1 미국 농업 보조금의 배분(2003년)

수혜자 평균	평균 수혜금액(달러)
상위 1퍼센트	214,088
상위 2퍼센트	86,500
상위 3퍼센트	62,358
상위 4퍼센트	50,311
상위 5퍼센트	42,656
상위 6퍼센트	37,108
상위 7퍼센트	32,657
상위 8퍼센트	28,987
상위 9퍼센트	25,924
상위 10퍼센트	23,352
상위 11퍼센트	21,149
상위 12퍼센트	19,927
상위 13퍼센트	17,573
상위 14퍼센트	16,102
상위 15퍼센트	14,783
상위 16퍼센트	13,598
상위 17퍼센트	12,529
상위 18퍼센트	11,575
상위 19퍼센트	10,710
상위 20퍼센트	9,916

(출처 : 와이즈, 2005a)

2002년에 미국은 농업 안정화를 위해 지방투자법안Rural Investment Act을 제정했는데, 그 골자는 향후 10년간 약 1900억 달러의 국고를 들여 보조금을 추가로 확보한다는 것이었다. 농산물 무역거래와 관련한 협상이 난항을 거듭하던 시기에 이 법안이 공포되었기에, 제3세계 정부들은 상당한 우려를 표명했다.[43]

수입 대비 부채 비율

농가 부채／순수익

도표 3.1 1960~2003 전체 농가 순수익 대비 부채비율 변화(출처 : Stam and Dixon, 2004)

유럽도 보조금 배분 상황이 미국보다 나을 게 별로 없다. 520만 농민 가운데, 상위 1.8퍼센트의 농민이 매년 평균 50만 유로 이상의 보조금 혜택을 누리지만,[44] 78퍼센트는 5000유로(미화 6000달러) 미만의 보조금만을 받고 있다. 유럽에서는 낮은 농산물 가격으로 매년 12만 명(매주 평균 2000명)의 소규모 농민들이 자신의 농장을 포기하고 있다.[45]

보조금이 불공평하게 배분되고 있는 상황도 문제지만, 진짜 비극은 이처럼 낮은 가격 때문에 최소한의 가격도 보장받지 못하도록 만드는 과잉생산을 억제할 방법이 없는 농민들이 날마다 더 낮은 가격으로 농산물과 가축을 팔게 되는 상황이다. 이런 정책 아래에서 부당하게 이득을 보는 쪽은 환경을 파괴해가며 저렴한 사료를 공급하는 공장들과 이를 활용하는 대규모 농장주,[46] 미국과 유럽 등지의 대형 농산물 수출업자들이다. 이들로 인해 소규모 농민들과 축산농들은 점차 삶의 터전을 잃어가고 있다.

가족 단위 농민의 입장에서 볼 때 농업 보조금이란, 선진국의 기업식 농장주에게만 혜택을 주어 덤핑을 야기하고 제3세계 농민들의 생계를 위협하는 나쁜 정책으로 보일 수 있을 것이다. 그러나 보조금은 또한 가족 단위의 농민들이 자신의 땅에서 떠나지 않도록 해주고 급변하는 지역경제를 후원하는 역할도 담당하고 있다. 또 보조금이 토양보존을 위해 쓰이거나 지속가능한 농업전략과 지역 소비자의 구매를 촉진하는 역할도 한다. 즉, 농민의 진짜 적은 보조금이 아니라 '낮은 가격'이다.

또 소비자가격이 오르는 동안에도 농민에게 돌아가는 수익은 차단되는 수입 관문도 문제다. 이에 관해서는 오래 전부터 이론적 지적이 있었다. 시장의 집중화가 가중될수록, 공급과 공급가 관리가 소홀해질수록, 경제적 힘을 통해 시장을 주름잡고 있는 기업들은 저가의 농산물을 생산해나가는 한편 소비시장에는 점점 고가의 농산품을 판다는 것이 핵심적 내용이다.[47]

미국의 선도적 비정부단체인 농업무역정책기구(IATP, Institute for Agriculture and Trade Policy)는 WTO의 면화 정책에 의문을 제기하면서 다음과 같이 덤핑 문제를 표면화했다.

> 이번 사례는 농산물 덤핑 문제의 해결책이 되지 못한다. 오히려 지금은 이번 사례를 기반으로 하여 덤핑을 멈출 수 있도록 보조금을 제한하여 농민에게 이익이 돌아갈 가격 상승을 위한 토의를 시작할 시점이다. 덤핑은 과잉생산으로 발생한다. 가격이 하락하면 농민들은 모두 과잉생산을 할 수밖에 없지만, 보조금 혜택이 모두에게 돌아가는 것은 아니다. 이제는 납득할 만한 농작물 관리체계를 통해 농민이 정당한 가격을 받을 수 있도록 해야만 한다.[48]

다시 말하면, 면화 생산에 대한 지금의 접근방식이 틀렸으며, 농업과 농산물 무역정책에 관해서는 밑그림부터 총체적으로 다시 그리는 작업이 선행되어야 한다는 것이다.

덤핑과 보조금

제3세계 국가 어디를 가든, 덤핑으로 인해 자신의 농토에서 쫓겨나 도시의 슬럼가로 스며들거나 해외로 이주하는 농민의 물결이 끊이질 않고 있다. 이는 다시 농산물의 가격을 하락시키고, 농산물 가격의 하락은 다시 농민들이 생계를 꾸려가는 일조차 불가능하도록 만드는 악순환이 계속되고 있다.[49]

너무나 잘 다듬어진 국제법은 이들을 위한 법적 지원을 효과적으로 차단하고 있다. 특히 WTO 등의 국제법과 관련하여 기소를 당한 국가가 가난한 나라일 경우 국제법상의 지원은 사실상 기대하기 힘들다. 그 이유는 첫째, 적용 가능하고 시의성 있는 통계학적 수치를 근거로 하여 과학적 유해성을 증명해낼 수 있을 때에만 지원을 받을 수 있기 때문이다. 국가 전체적으로 파급효과가 미치는 경우나 국경을 넘어 다른 국가에도 악영향을 끼칠 수 있다는 사실을 증명하기 위해 유효한 데이터를 수집하는 데는 상당한 자금과 연구인력, 시간이 투입되는데 가난한 국가의 경우 이를 위한 준비가 되어 있지 않은 경우가 많다. 둘째, 사례에 대한 접근 자체를 막는 정치적 방해가 있다. 이에 대한 농업무역정책기구의 주장을 들어보자.

다자주의적 무역 시스템의 정치적 힘은 당면한 문제의 해결을 가로막는 큰 장벽이다. 국제법상의 제재를 받게 되는 것이 궁극적 위협이라면, 미국이 방글라데시에 대해 이를 적용시키는 것이 반대의 경우보다 훨씬 쉬운 작업이 될 것이다. 미국에 대한 방글라데시의 수출량은 그리 큰 규모가 아니며 이를 바탕으로 방글라데시가 미국에 위협을 가할 수 있는 여지도 별로 없다. 그러나 미국에 대한 방글라데시의 무역 의존도는 상당히 높기 때문에 방글라데시는 미국의 무역정책에 일방적으로 따를 수밖에 없다.[50]

현재까지 세계시장의 덤핑에 관한 연구 가운데서도 가장 타당성 있는 연구들은 농업무역정책기구에 의해 진행되고 있다.[51] 농업무역정책기구가 내놓은 자료에 따르면, 2002년 한 해 동안 미국에서 수출된 농산물의 상당수가 생산가보다 낮은 가격으로 제공되고 있다.[52] 몇몇 사례를 살펴보면, 수출용 밀의 가격은 생산가 대비 평균 43퍼센트 낮은 가격이었고, 수출용 콩은 25퍼센트, 수출용 옥수수는 13퍼센트, 수출용 면화는 평균 61퍼센트, 수출용 쌀의 가격은 생산가 대비 평균 35퍼센트 낮은 가격이었다.

언론의 집중적인 관심을 받는 것은 미국과 유럽의 보조금 정책이지만, 현재 국제무역체계에 있어 더욱 핵심적인 이슈는 농산물 덤핑에 관한 것이다. 의도적이었건 그렇지 않았건 간에 G20 협상블럭과 세계은행[53], 옥스팜Oxfam, 유엔 식량농업기구의 자크스 디오Jacques Diouf, 코피 아난Kofi Annan(유엔 사무총장), 월스트리트저널Wall Street Journal 등 국제경제를 이끌어가는 다양한 기구, 민족 등 많은 행위 주

체가 보조금과 덤핑의 차이와 영향에 대해 혼란스러워 하고 있다.[54]

부유한 국가들이 매년 3000억 달러의 보조금을 지불하고 있다는 내용으로 유명해진 뉴욕타임스의 2003년 기획물 〈가난을 경작하다 Harvesting Poverty〉의 예와 같이, 언론은 혼돈을 가중시키는 데 한 몫을 담당했다.[55] 실제로 3000억 달러라는 수치는 정부의 직접 보조금과 저가의 농산물 가격을 부양시키기 위한 달러 가치 인하 등 정확히는 '지원'이라고 불러야 하는 금액이 모두 합산된 금액이었다(대부분의 국가에서 상호모순적인 농업정책 지원액이 무턱대고 하나의 이름으로 합산되고 있다). 실제 보조금으로 지불된 금액은 3000억 달러의 30퍼센트 수준에 불과하다.[56]

그러나 제3세계 국가의 농민들이 자국의 안방시장에서 경쟁력을 잃게 만드는 덤핑이 단지 보조금에 의한 것만은 아니다. 이는 예를 들어, '보조금 혜택을 받은 미국의 저가 옥수수가 멕시코 농산물 시장을 붕괴시킨다'는 말과 같이 논리적이고 명목적이지 않을 수도 있다. 저가 농산물을 야기한 보조금에 대한 비판은 사실상 원인과 결과를 뒤집어놓은 격이다. 특히 1996년과 2002년에 있었던 미국의 농산법 개정, 2003년 유럽의 공동농업정책(CAP, Common Agricultural Policy) 개정 이후의 보조금은 치솟는 임금 등에 대한 반작용 때문에 '촉발'되었다.

과잉생산을 방지하고 지나친 가격 하락을 방지하는 정책이 일단 시작되면, 가격 하락에 대비하고 과잉생산을 방지하는 자연적인 브레이크는 그 효력을 상실한다. 농산물 가격이 지나치게 떨어지거나 지방 경제에 적신호가 들어올 때마다 정부정책에 의해 자동적으로 비상자금이 농가에 투입되었다. 물론 그마저도 이제는 점차 줄어들

고 있다. 이와 같은 보조금 정책은 자연스럽게 변화되는 가격 '상승
과 하락' 사이의 간극을 메우고자 시작되었다. 가격이 지나치게 떨
어질 경우 정부 지출이 낙폭을 줄여주는 역할을 하는 것이다.

바꾸어 말하자면, 농산물 가격이 오른다면 보조금이 떨어지고,
가격이 하락하면 보조금은 오른다. 원인은 가격의 변동이고, 결과
는 보조금이다. 테네시주립대학의 달 레이, 다니엘 토르, 켈리 틸러
연구팀이 수행한 순환경제 시뮬레이션 모델[57]을 포함한 다양한 연
구[58]에 따르면, 보조금을 완전히 제거한다 하더라도 대부분의 국가
에서, 대부분의 농산물 가격이 매년 하락하고 말 것이라는 전망을
분명히 보여주고 있다. 도표 3.2와 3.3은 식물이건 가축이건 가릴 것
이 없이 농가의 주요 상품 가격이 지속적으로 하락하는 추세를 보
여주고 있다. 미국과 유럽의 보조금 정책은 명백하게 잘못된 방향
으로 불공정하게 진행되었으며 수정되어야 한다. 그러나 오늘날 문
제의 근원은 다른 데 있다.

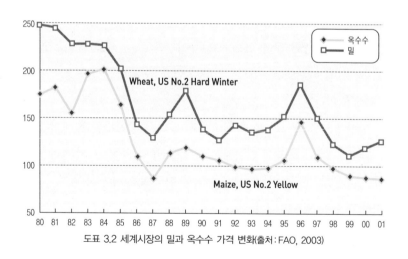

도표 3.2 세계시장의 밀과 옥수수 가격 변화(출처 : FAO, 2003)

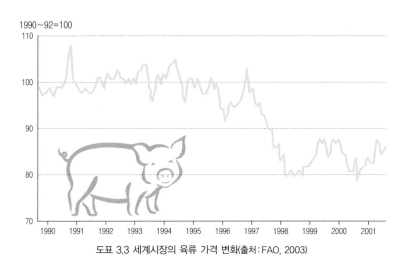

1990~92=100

도표 3.3 세계시장의 육류 가격 변화(출처: FAO, 2003)

그렇다면 선진국, 후진국을 가리지 않고 농민의 생계가 위협받을 정도로 농산물 가격의 하락이 지속되는 진짜 원인은 무엇일까?

첫째, 농산물 가격부양 정책과 공급관리(과잉생산 방지책)와는 상관없는 미국과 유럽의 정책이 그 원인이다. 미국 전국가족농연합회 회장인 조지 네일러의 말을 들어보자.

미국에서는 몇몇의 사례를 제외하면, 옥수수, 콩, 밀 등 다양한 농산물이 농산지 생산가격 그대로 수출용 화물선에 오르고 있다(이 가격에는 수송비와 관리비가 당연히 포함되어 있다). 이것이 바로 미국에서 덤핑을 멈추려면, 가격부양 정책과 공급제한 시스템을 도입해야 하는 이유다. 단순히 보조금을 줄이는 방법만으로는 농산물의 가격 하락을 멈출 수 없다.[59]

둘째, 선진국이나 개발도상국을 가리지 않고 지난 20년 동안 농산물 시장에 대한 집중화는 주류 경제학자들이 볼 때 모든 기준에서 지나치다고 할 만큼 진행되었다. 상품 가격에 대해 연구하는 학자들 가운데 상당수는 이와 같은 집중화가 농산물 가격에 영향을 끼친다고 확신한다.[60] 소비자가격에는 전혀 반영되지도 않는 생산지 가격 하락이 지속적으로 벌어지고 있는 것이다. 다음 몇몇 미국의 사례가 현재 이루어진 집중화의 정도를 잘 보여준다.[61]

- 4개 회사(카길, 쎄넥스하비스트스테이츠Cenex Harvest States, 아처다니엘미들랜드ADM, 제너럴밀스General Mills)가 전체 곡물처리 장비의 60퍼센트를 소유하고 있다.
- 3개 회사(카길, ADM, 젠노Zen Noh)가 옥수수 수출물량의 82퍼센트를 취급하고 있다.
- 4개 회사(타이슨, 콘아그라ConAgra, 카길, 팜랜드네이션 Farmland Nation)가 쇠고기 가공산업의 81퍼센트를 점유하고 있다.
- 4개 회사(ADM, 콘아그라, 카길, 제너럴밀스)가 전체 밀가루 제분량의 61퍼센트를 처리하고 있다.

다른 영역에서도 이 회사들이 대부분의 거래를 주도하고 있다. 세계 4대 식품유통업체 가운데 하나인 콘아그라의 경우 쇠고기, 돼지고기, 칠면조, 양고기, 해산물 등을 세계 70개국에 공급하고 있다.[62]

집중화가 가격에 어떤 영향을 미치는가? 약 20년 전, 미국 중서부 지방에서 곡물을 재배하던 농부를 상상해보자. 그 농부는 다양한 곡물의 품질과 각각의 품질에 걸맞는 가격을 제시하고 소비자들은 적절한 가격을 지불하는 선택을 하며 자연스런 경쟁이 유발되었다. 그러나 오늘날은 마치 하나의 회사가 전국의 곡물을 다 사들이고 있는 것과 같은 상황이다. 이를 두고 '시장주도 세력'이라고 부른다.

시장주도권을 쥐게 된 회사는 더 이상 경쟁자가 없기 때문에 자신이 원하는 가격으로 물건 값을 조정할 수 있게 된다. 국가라는 차원을 넘어서서 이제는 세계시장에서도 미래 시장의 흐름을 잡고 흔들 만한, 그래서 자기 이익을 위해 가격을 조정할 수 있을 정도의 시장주도 세력이 자리를 잡아가고 있다.[63]

농산물 가격이 낮아지게 될 경우 이 회사들은 가장 큰 수혜자가 된다.[64] 이들은 미국과 유럽 등지에서 싼 가격으로 곡물을 매입할 수 있고, 세계 각국의 시장에서 덤핑을 통해 지역 생산자들을 곤경에 빠뜨릴 수도 있다. 결과적으로 생산되는 작물의 종류에 관계없이 미국이나 유럽의 싼 가격이 사실상 세계시장에서 통용되는 가격과 동등한 것이다.[65] 낮은 가격을 유도하는 기업들과 세계 각지의 농민들이 일단 가격 경쟁을 시작하게 되면, 유일한 승자는 '슬프게도' 가장 적게 판 농민이 될 뿐이다. 그들은 가족의 생계를 꾸리기 위해 하루 18~20시간의 중노동에 시달리는 소작농들이다. 덤핑은 농산물의 국제가를 하락시키고 덤핑을 주도한 기업들은 보조금이 있는 국가건 그렇지 않은 국가건 가리지 않고 싼 가격으로 전세계의 농산물을 거두어들일 수 있다.

어떤 의미에서는 집중화를 통해 농산물 가격을 결정하고 정부정책에 영향을 미칠 수 있는 기업들이야말로 농산물 가격 하락의 가장 근본적인 원인이라고도 볼 수 있을 것이다. 미국에서는 농기업들이 정책결정 과정에 야비하게 개입하여 영향력을 끼쳐왔던 오랜 역사가 있다. 가격 하락을 멈추게 만드는 정책을 무력화하고, 무역정책을 통해 농산물 시장 개방에 정부가 박차를 가하고 있다면 누가 그 뒤에서 압력을 가하고 있는지는 불 보듯 뻔한 일일 것이다 (박스 3.1을 보라).

조지 네일러는 지극히 상식적인 수준에서, 선진국이나 후진국이나 가릴 것 없이 농민들을 가난하게 만드는 주요 원인이 바로 '시장의 궁핍'이라고 말한다. 다른 말로 하면, 규제가 사라진 시장에서는 끊임없는 가격의 하락이 일어나고 농민들은 수입 부족분을 벌충하기 위해 더 많이 생산하게 된다는 것이다. 물론 정부와 기업이 관여하는 바람에 가격이 더 떨어지기도 한다. 우리에게는 분명히 시장규제가 필요하지만, 지금과 같은 종류의 규제는 아니다. 이 책의 마지막 장에서 우리는 가능한 긍정적 대안에 대해 살펴볼 것이다.

지금의 집중화된 시장이, 또 집중된 시장을 움직이는 경제적·정치적 힘이 계속해서 농산물의 가격을 하락시키고 있다면, 지금과 같은 방식의 보조금은 오히려 현재 상태를 악화시킬 것이다. 한편, 이제 농기업들은 더 이상 정부의 가격 지원이나 공급제한 메커니즘 등을 염려하지도 않는다. 오히려 생산가보다 낮은 판매가격에 대해 발생하는 지원금이 자신에게 물건을 공급하는 이들(미국과 유럽의 부유한 농부들)에게 돌아가도록 노력할 뿐이다.

가족 단위의 소규모 농민들이 엄청난 속도로 아무것도 얻지 못한 채 자신의 농토에서 쫓겨나는 동안 대규모 농장 운영주들은 그렇게 낮은 가격에서도 수익을 얻고 있다. 슬프게도 이렇게 자신들이 일궈온 삶의 터전에서 일어나는 경쟁을 견디지 못하고 떨어져나가는 농민들의 이야기는 제3세계뿐 아니라 대다수 미국 농민의 이야기이기도 하다. 혹자는 덤핑으로 인해 1996년 이후 평균 40퍼센트나 하락한 미국 내 농산물 가격이 세계 농산물 가격 하락의 원인이라고 주장하기도 한다.

그 결과 1997년에서 2002년까지 미국에서는 단지 5년 사이에 2000에이커(약 400만 제곱미터) 미만의 땅을 소유하고 있던 소규모 농민 가운데 9만 명 이상이 농업을 포기했다. 농업무역정책기구에 게재된 미 농무부 보고에 따르면 같은 기간 2000에이커 이상의 땅을 소유한 농민은 3600명 이상 증가했다. 농업무역정책기구의 분석에 따르면,

> 낮은 가격으로 손해를 보는 농민을 지원하는 현재의 미국 정부 프로그램에는 문제가 있다. 대규모 기업형 농민들이 보조금의 상당 부분을 받아가고 있다. 미국에서 소규모 자영농민의 기반은 점점 무너지고 있으며 그들은 농사를 짓기 위해 농사 이외의 수입원에서 자금을 조달하고 있다. 그런데도 정부의 정책은 생산가보다 낮은 상품가격에 대한 지원에만 모든 초점을 맞추고 있다.

다시 그 결과 모든 아메리카 대륙을 강타한 농민자살 행렬이 이어졌다. 이는 때때로 농기계 오작동으로 인한 사건처럼 위장되어 살아남은 가족들이 생명보험금을 타거나 도시로 이주하기 위해 농장을 떠나는 쓸쓸한 행렬을 만들기도 한다.

거의 독점에 가까운 기업 덕에 소비자들은 낮은 농산물 가격에도 불구하고 여전히 비싼 농산물을 사먹어야 하고, 도표 3.4에서 볼 수

있듯 소비자가 지불하는 가격과 농민들이 받게 되는 금액 사이의 간극이 생긴다. 소비자가 더 많이 지불하면 할수록 농민에게 돌아가는 수입은 적어지는 기현상이 벌어지고 있다.

미국 등 선진국의 보조금은 결코 영원히 지속될 수 없다. 기억해야 할 것은 농업 관련 기업들이 미국이나 유럽 각국 정부와의 협상에 '적절치 않을' 정도로 과도한 영향력을 행사하고 있다는 사실이다. 이런 회사들이 (예를 들어, 미국 콩 생산 농민이 모두 일을 그만둘 경우, 브라질에서 싼 콩을 수입하는 방법 등으로) 미국과 유럽의 보조금 없이

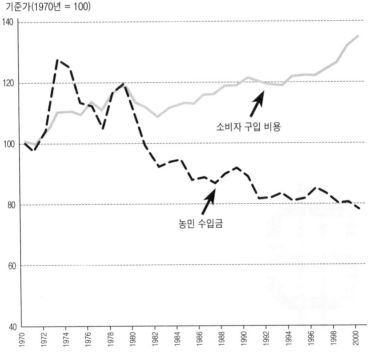

도표 3.4 소비자 구입 비용과 농민 수입금 비교(미국)(출처 : USDA, Economic Research Service)

홀로 설 수 있는 순간이 되면 그들에게 꽉 잡힌 정부 협상가들은 보조금을 줄이면서 동시에 세계시장을 더 개방하기 위한 노력에 박차를 가할 것이다. 그때가 되면 선진국, 후진국을 가릴 것 없이 '시장 접근성'이라는 말이 무색해지고 말 것이다.

미국과 유럽이 저개발국의 시장개방을 촉구하는 한편, 저개발국의 정부들은 선진국의 시장개방을 요구하고 있다. 양자 모두는 더 많은 덤핑을 양산하고 있다. 은유적으로 표현하자면, 얼마 안 되어 선진국에서는 저개발국가에서 생산된 농산물만 먹고, 저개발국가에서는 선진국에서 생산된 농산물만 먹는 시대, 자국에서 난 것이라고는 찾아볼 수 없는 시대가 오고 말 것이다!

균일한 농산물 가격(덤핑 가격)이 세계적으로 형성된 그날이 오면, 오로지 최고로 넓은 땅을 소유한 농민들만 박리다매를 통해 이윤을 얻어 살아남을 수 있을 것이고, 낮은 생산가에도 불구하고 '자유시장'을 장악한 몇몇 기업의 조정으로 소비자는 점점 더 비싼 농산물을 사게 될 것이다. 지나치다고 생각하는가? 당신의 생각이 틀렸다. 미국과 유럽의 협상가들은 홍콩에서 이루어진 합의사항이 명백함에도 불구하고 '보조금 숨기기'에 최선을 다하고 있다.

하지만 (이번 장의 핵심이 되는 얘기를 반복하자면) 시장집중화로 인해 회사들이 농민에게서 싸게 사고 소비자에게 비싸게 파는 구조를 강화할 것이기 때문에 보조금을 단순히 없애는 것만이 능사는 아니다. 이 책의 마지막 장에서는 모두의 이해를 충족시킬 수 있는 (물론 농기업들은 제외된다) 대안에 대해 살펴볼 것이다. 하지만 다음 장에서는 먼저 저개발국가들이 '항상 당하는 방식'의 구체적인 사례를 살펴보도록 하자.

■ 박스 3.1 누가 농산물 무역협상을 이끄는가?

WTO, NAFTA, FTAA 등의 협상 현장에서 미국의 협상단으로 참가하여 농산물 교역에 관한 협정과 정책을 이끄는 주체가 누구인가에 대한 질문은 참으로 흥미롭다. 리차드 T. 크로더 대사는 미국무역대표부USTR의 농산물협상수석이다. 그는 대사로서 전세계에서 벌어지는 무역협상에서 미국의 기조가 관철될 수 있도록 최선을 다해야 할 의무가 있다. 그러나 미국무역대표부에 오기 전까지의 이력을 살펴보면, 그가 농업무역을 '산업적 관점'에서 접근하고 있는 것은 아닌지, 산업과 정부 사이 '회전문'의 또 다른 사례는 아닌지에 대한 의구심을 불러일으킨다.

공식적인 이력서에 따르면 그는 미국무역대표부 수석이 되기 직전까지 2002년부터 버지니아 알렉산드리아의 미국식량무역업협회American Seed Trade Association에서 회장 겸 CEO를 지낸 바 있다. 그 이전에는 컨설턴트로 몇 년간 개인사업을 했다. 1994년에서 1999년까지는 세계적 농산물 유전자 연구기관이며 바이오테크놀로지 산업계의 선두주자인 DEKALB 제네틱스 코퍼레이션(현재는 몬산토로 합병됨)의 국제담당 부회장을 맡고 있었다. 부회장으로서 그는 세계 30여 개 국가를 돌아다니며 회사의 사업을 확장하였다.

1994년, DEKALB에 입사하기 이전에는 콘아그라의 정육가공 담당 자회사인 아모르 스위프트 에크리치에서 부회장과 본부장직을 겸했다. 그 이전에는, 1989년에서 1992년까지 미 농무부 산하의 외교 및 상품 프로그램 사무국에서 근무했다. 당시 그는 미국 내 농업 프로그램뿐 아니라 국제무역과 농업발전에 관계된 다양한 이해당사자들의 요구를 조율하는 중책을 맡고 있었다. GATT 우루과이라운드에서는 농업관련 협상과 1990년 농산물 보조금 조율에 있어서 중추적 역할을 담당하기도 했다.

1975년에서 1989년 사이에는 필스버리 컴퍼니의 상급 임원까지 승진하였다. 다른 말로 하면, 산업계와 정부 사이를 지속적으로 오가며 농업무역 정책을 결정짓는 협상가로서 활동해왔다는 말이다.

FOOD
IS
DIFFERENT

식량주권

농산물 무역자유화의 파급력

The Impacts of Liberalized Agricultural Trade

CHAPTER 04

농산물 무역자유화의 파급력

The Impacts of Liberalized Agricultural Trade

　지난 30여 년간 진행된 경제발전과 무역자유화의 물결은 빈곤과 저발전의 문제를 더욱 가중시키고 저개발국가가 대안적 발전궤도로 돌입할 수 있는 가능성의 싹을 잘라왔다.[75] 저개발국가의 농촌인구 대부분이 위기를 맞고 있다. 구조조정프로그램부터 시작하여 시장개방, 덤핑 등 무역자유화에 따른 다양한 기제가 작동하고 있으며, '무역과 무관'한 것 같지만 실제로는 문제해결과 정확히 반대의 결과를 이끌어내는 처방전(공기업 민영화, 공적기금 삭감 등)이 가세하여 위기는 나날이 심화되고 있는 형편이다.

　농산물 교역의 자유화는 다른 무역자유화와 마찬가지로 경제성장의 동력이 된다. 국가경제의 차원에서 볼 때 무역자유화와 '개방'이 실제적인 경제성장의 원동력으로 작용한다는 것이 기존의 관점이다. 그러나 최근 경제학자들은 기존 관점에 대해 점차 거세게 공격하고 있다.[76] 워싱턴 경제정책연구원의 연구 보고에 따르면 넓은 범주에서 볼 때, 저개발국가들의 경제성장 속도는 무역자유화(1970년대 중반) 시기 이후보다 그 이전 시기(1950~1970년대 초반)에 훨씬 높게 나타난다.

연구는 또 무역자유화의 진행에 따른 저개발국가들의 수익과 손실을 비교하여 보여주고 있는데, 선진국 시장에 대한 저개발국가들의 접근성이 커질수록 자국 시장에 대한 주도권을 포기하게 되어 결과적 수익이 크게 줄어든다는 사실을 지적하고 있다.[77]

권위 있는 연구지《개발경제학저널Journal of Development Economics》가 발표한 최근의 경험적 연구에 따르면 저개발국가의 시장개방은 일반적으로 경제성장을 지연시키고 있다고 한다. 좀더 구체적으로는, 관세와 비관세장벽으로 지역 기업을 무너뜨리는 값싼 수입품을 제한하는 메커니즘이 경제성장을 지지하고 개발지연 요소를 제거해 가난한 국가의 경제성장을 촉진한다는 것이다.[78]

유엔 무역개발협의회UNCTAD가 발표한 자료에 따르면, 특히 식량과 농산물의 경우 무역자유화와 이에 따른 필연적 농산물 덤핑이 극빈국의 수입 식량에 대한 의존도를 점차 높여왔다. 표 4.1을 통해 확인해보자. 수출을 능가하는 수입 물량의 증가로 지역 농민들은 한때 주도적이었던 자국시장에서 도태되고, 결국 생계 자체를 위협받아 지역경제와 사회를 포괄하는 위기상황이 발생하게 되었다.

유엔 식량농업기구는 WTO의 농산물에 관한 우루과이라운드 협정이 16개 개발도상국의 농업에 미친 영향에 대한 보고서를 제출했다.[79] 이 보고서에 따르면, 일단 시장이 개방되면 외국산 농산물 수입은 폭발적으로 늘어나게 된다. 경쟁할 수 없을 정도로 값싼 수입 농산물이 밀려들어 국내 농민들은 점차 자국시장에서 밀려난다. 또 일반적으로 수입량이 현저하게 증가하기 때문에 수출량이 증가한다 하더라도 사실상 전체적인 적자폭은 감소하지 않으며(표 4.1을 통해 확인할 수 있다) 수입의존성만 커지는 현상이 되풀이되었다.

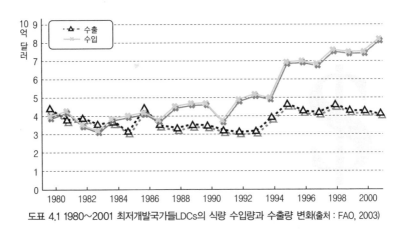

도표 4.1 1980~2001 최저개발국가들LDCs의 식량 수입량과 수출량 변화(출처 : FAO, 2003)

🍚 재앙의 사례 – '자유무역 실험실'과 미래

멕시코는 구조조정프로그램 체제 아래에서의 10년과 곧 이은 NAFTA 체결 후 10년을 거치는 동안 무역자유화가 어떤 충격을 가져올 수 있는지를 극단적으로 보여주는 일종의 '실험실'로 여겨지게 되었다.[80] 반면 아프리카의 경우, 구조조정프로그램의 하나로 무역자유화를 경험하기는 했지만 분리된 대륙이라는 입지적 요건 때문에 아직까지는 각종 무역협정에서 자유로워 자유화의 새로운 개척지로 여겨지고 있다. 그렇지만 아프리카에서 이미 벌어지고 있는 무역자유화의 영향 또한 무시할 수 없는 상황이다.

멕시코 — 북미자유무역협정, 신자유주의, 옥수수와 소농민

북미자유무역협정NAFTA에 서명하던 순간, 멕시코는 농산물에 대한 무역자유화(관세 인하, 수입총량규제 완화 등) 속에 '갇혀버리고' 말았다. 이는 오랜 부채를 경감할 목적으로 시작한 구조조정프로그램과 함께 정부의 일방적인 의지에 의해 준비되고 추진되었다.

표면적 지표만 본다면 무역자유화는 멕시코의 경제적 도약에 큰 도움이 되었다. 1994년 외국인 총투자는 420억 달러에서 620억 달러로 증가했고(구조조정프로그램 시기), 2000년까지는 1670억 달러로 크게 뛰었다(NAFTA 시기). 수출에 의한 수익도 마찬가지로 증가했다. 2001년 이후에는 다시 하락세로 돌아섰지만, 1980년에 29억 달러에 불과하던 수출량은 1994년에는 110억 달러로, 2001년에는 218억 달러로 크게 뛰었다.[81] 반면 극적인 경제성장과 함께 극심한 빈곤층도 늘어났다.[82]

농업에 있어서 NAFTA는 상당히 광범위한 영향력을 행사했다. 수입관세 철회와 수입총량규제 완화, 농산물 보조금 정책과 가격지원액 삭감, 공적자금이 투입되던 시장 메커니즘의 변화, 소규모 농가에 대한 신용보증과 자금지원혜택 철회 등 농업에 관한 지원정책 변화가 그 핵심이었다. 멕시코 농업정책 비평가인 아나 드이타의 말을 들어보자.

1989년, 멕시코 정부는 농촌에 대한 신자유주의적 개혁에 박차를 가했다. 개인에 대한 신용보증을 최소화하고, 지방의 개발은행들은 대출이 가능한 농민의 수와 농민 각각에 대한 지원금을 대폭 삭감하는 등 정부의 간섭을 최소화했다. 보조금은 줄어들고, 공적 부분을 담당하던 농업 관련 기업들은 민영화되었으며, 농산물 판매와 저장, 보험관련 서비스도 민영화되었다. 농산물 가격의 폭락을 막아주던 보조금과 다른 공적 영역의 안정을 보장하던 각종 보조금이 제거되고, 농산물 수입에 저항하는 모든 정책도 사라졌다. 그러자 1994년의 NAFTA는 그 힘을 발휘하기 시작하여, 과거의 정책으로 돌아가는 모든 문을 굳건히 잠그는 자물쇠가 되었다.[83]

어떻게 보면 아나 드이타가 언급한 요소들은 '무역과 관계없어' 보일 수도 있겠지만, 실제로 NAFTA, WTO, FTAA와 같은 당대의 '무역협정'들은 자유시장을 왜곡시킨다는 구실 아래 하나같이 이런 요소들을 뜯어 고치는 데 열중하고 있다.[84]

멕시코에 대한 미국과 캐나다 시장의 개방은 멕시코 농산물 수출에 활력을 가져왔지만, 멕시코 시장 또한 수입 농산물로 넘쳐나게 되었다. 적절히 수출 흑자를 기록하고 있던 멕시코의 농산물 무역은 NAFTA가 효력을 발휘하기 시작한 1994년 이후 급격하게 적자로 돌아섰다. 2003년에는 멕시코의 식량무역 적자가 27억 달러에 이르게 된다(도표 4.2 참조).[85]

수입량 증가분 가운데는 미국에서 유입된 싼 옥수수가 포함되어 있다. 문제는 멕시코의 가족 단위 농가에서 대부분을 차지하는 멕시코 토착 소작농들의 특산품이 바로 이 옥수수라는 사실이다. 수천 년 동안 옥수수를 주식으로 삼아왔고, 9000년 전부터 옥수수를 재배해온 멕시코 농민들에게는 당연한 일이었다. 그러나 미국의 값싼 옥수수가 유입되자 멕시코에서 옥수수를 경작한다는 것은 점점

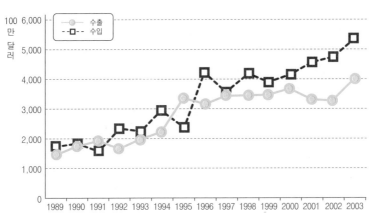

도표 4.2 멕시코의 농업, 임업, 수산업 수출입 총액 변화, NAFTA(1994) 가입 전후 비교
(출처 : 드이타, 2003)

더 어려운 일이 되고 있다.

도표 4.3은 1990년 이후 멕시코 국내시장에서 옥수수 평균가격
이 50퍼센트 이상 하락하는 과정을 잘 보여준다. 1994~95년 사이
에 있었던 약간의 예외는 멕시코 화폐인 페소의 가치변화에 따른
것이다.

NAFTA 이전에는 옥수수 수입량이 전체 멕시코 수입량의 2.9퍼
센트에 불과하였으나 최근 들어서는 전체의 20퍼센트에서 25퍼센
트에 이르고 있다.[86] 도표 4.4를 보면 비슷한 시기에 멕시코 정부가
옥수수 농민에 대한 보조금을 지속적으로 삭감해나갔던 것을 확인
할 수 있는데, 같은 기간 미국의 경우 오히려 옥수수에 대한 보조금
을 늘렸다. 보조금 비율은 미국 내 옥수수 농가 수입의 47퍼센트에
까지 이르게 되어[87] (멕시코의 경우 약 13퍼센트가 정부 보조금으로 충당되
어 훨씬 낮은 비율이 농가 수입원으로 지불됐다)[88] 즉, 실제 생산가보다 13
~33퍼센트 할인된 가격으로 미국산 옥수수가 세계시장을 잠식해

나간 것이다.[89] 이런 상황에서 멕시코 농민이 정당한 가격 경쟁을 할 수 있었을까? 어불성설이다.

아주 단순하게 설명하면 (정부에 의해 운영되던 시장 중개상들이 민영화되거나 독점적으로 미국에서 대량의 옥수수를 헐값에 수입하는 새로운 회사 등과 같이) 어떤 가격에도 견딜 수 있는 경쟁자들 때문에 옥수수 가격이 떨어져도 너무 떨어졌고 멕시코의 농민들은 더 이상 옥수수

도표 4.3 멕시코의 옥수수 가격 변화(출처 : 드이타, 2003)

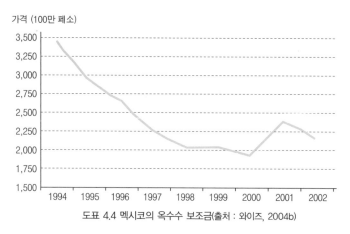

도표 4.4 멕시코의 옥수수 보조금(출처 : 와이즈, 2004b)

수확을 통해서는 이득을 기대할 수 없는 상황에 이르게 된 것이다.

놀라운 사실은, 이런 상황에서도 멕시코 옥수수 생산 농민들 가운데 거의 절반에 가까운 숫자가 여전히 옥수수 농사를 짓고 있다는 것이다.[90] 가족들 중 상당수가 이민을 갔는데도 거의 300만에 가까운 가난한 농민과 토착민들은 자신의 땅을 포기하지 못한 채 끈질기게 옥수수 농사를 짓고 있다.[91]

어떻게 이런 일이 가능할까? 멕시코 지역 전문가이자 지구자원센터의 아메리카 정책 프로그램 분석가인 로라 칼슨은 멕시코 농민들이야말로 멕시코 옥수수 생산을 돕는 보조금 역할을 감당하고 있다고 말한다. 여기서 보조금은 미국에서 일하고 있는 멕시코인들이 본국으로 송금하는 연간 90억 달러 이상의 현금과 멕시코 농민들이 농사 이외의 노동으로 벌어들이는 임금을 뜻한다.

멕시코인들의 국제 송금은 두 가지 기능을 수행한다. 첫째, 국제시장의 변화로 인해 더 이상 지탱되기 힘든 멕시코의 농업을 유지시켜 농가 소비활동, 문화적 생존, 자연환경 보존, 부족한 수입 보완 등 다양한 목적을 충당한다. 둘째, 고향으로 돈을 송금하는 행위는 단순히 멕시코에 거주하는 가족들이 경제적으로 지탱할 수 있는 여력을 제공하는 것뿐 아니라 수입이 없는 '노동자'라는 정체성을 스스로 각인시키는 역할을 한다. 개인적으로건 조직적으로건 그들의 돈은 멕시코 농민들이 살아가는 데 필요한 사회 하부구조에서부터 농기계, 품종, 심지어는 문화적 정체성까지 지켜주는 보조금의 역할을 감당하고 있는 것이다. 이처럼 개인적 차원의 보조금과 끈질긴 생계

활동의 조합이야말로 심각하게 왜곡된 국제시장에서 '상대적
열세'에도 불구하고 멕시코의 옥수수 생산량이 증가하는 상황
을 설명할 수 있는 유일한 이유가 될 것이다. 이는 또한 자유
무역 모델에 대한 깊은 문화적 저항감과 동시에 토착화의 실
패를 반영한다.[92]

도표 4.5에서 볼 수 있듯이 멕시코의 옥수수 수입량과 미국 농가
에 지불된 옥수수 보조금 사이에는 긴밀한 상관관계가 있다. 1980년
대 후반까지, 아직 멕시코의 시장이 열리기 전에는 두드러진 연관
성이 보이지 않는다. 1983년과 1995~96년 사이에 진행된 두 차례
의 수입량 저하는 멕시코에 대한 미국 상품금융공사Commodity
Credit Corporation(미국 농무부 산하기관으로 농가 수입과 농산물 가격 안정
을 위해 1933년 설립된 국책회사-옮긴이)의 지원에 의한 것이었다. 미국
은 자국 농산물 시장의 안정을 위해 멕시코에 신용지원을 약속했
고, 멕시코는 이를 미국산 옥수수 구입에 활용할 것에 합의했다.[93]
1995~96년 멕시코의 수입업자들은 신용지원금으로 약 15억 달러
어치의 미국산 농산물을 수입했고, 그 충격은 고스란히 멕시코 농
민들에게 돌아갔다.[94]
　상품금융공사는 1997년과 2002년 사이 다시 한 번 14억 달러 분
량의 신용지원을 단행했는데, 이는 멕시코 농민들에 대한 멕시코
정부의 지원금을 훨씬 상회하는 금액이었다.[95] 약간의 논쟁은 있었
지만, WTO와 NAFTA에서도 결국 미 상품금융공사의 자국 농산물
수출을 위한 신용지원 정책은 아무런 제한 없이 용인했다. 이는 이
후 국제무역에 관한 핵심적인 논란 중 하나로 자리 잡게 된다.

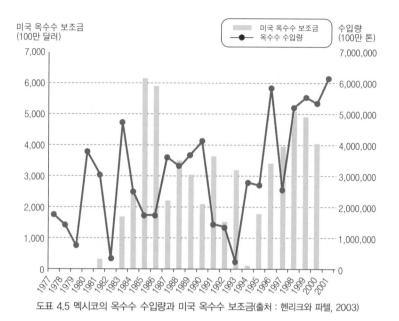

도표 4.5 멕시코의 옥수수 수입량과 미국 옥수수 보조금(출처 : 헨리크와 파텔, 2003)

보조금 지원이 낮은 가격을 만들고, 또 보조금이 있든 없든 낮은 가격의 결과로 덤핑이 진행되기 때문에 보조금과 덤핑의 상관관계는 너무나 명백한 것이며 우리는 이 문제를 좀더 잘 해결할 수도 있었을 것이다. 멕시코의 옥수수 사례가 보여주듯, 미국이 단순히 보조금을 삭감한다고 수입 옥수수 가격의 하락세가 완화되는 것은 아니다. 터프스대학 팀 와이즈 교수팀의 연구에 따르면 미국 보조금의 삭감은 약 4퍼센트 이상의 옥수수 가격 인상을 가져올 수 있지만 이 정도의 상승폭은 멕시코의 옥수수 생산자들이 맞닥뜨린 저가장벽을 넘기에 여전히 역부족이다.

멕시코는 옥수수 시장집중화가 지나치게 진행된 상태다.[96] 2001년의 경우 단 9개의 옥수수 수입회사가 전체 수입량의 반을 독식하고있었다. ADM과 멕시코의 파트너사인 마세카Maseca 그리고 카길,

아렌샤Arancia, 필그림프라이드Pilgrims Pride, 민사MINSA 등의 '멕시코' 회사들은 국제적으로 최대 규모를 자랑하고 있는 기업들로서 미국의 한 투자은행을 공동으로 소유하고 있기도 하다.[97]

카길과 ADM, 젠노 3개 사는 미국 옥수수 수출량의 81퍼센트를 쥐고 있다. 이제 멕시코의 옥수수 시장이 사유화되면서 카길, 아렌샤, 마세카, 민사 등의 기업들은 멕시코 농민들의 옥수수를 모두 사들이고 있으며, 특히 민사와 마세카의 경우 멕시코의 가장 대표적인 식품인 토르티야(옥수수가 원료) 가공과 유통, 판매망까지 장악하기 시작했다. 몇몇 소수 기업에 의해 옥수수 유동량이 대부분 통제되는 상황이기 때문에 옥수수 가격이 아무리 떨어진다 하더라도 그이익은 결코 소비자에게 돌아가지 않는다. 도표 4.6을 통해 볼 수 있는 것처럼 멕시코 시장의 옥수수 가격은 NAFTA가 체결된 초기 5년과 비교할 때 300퍼센트 이상 상승했다.[98]

NAFTA가 체결될 당시, 멕시코는 수입총량제나 관세를 당장 제한해야 할 필요가 없었다. 따라서 멕시코가 협상을 성공적으로 이끈 것으로 보인 면도 없지 않았다. 하지만 15년이라는 시간이 흐르면서 상황은 크게 달라졌다. NAFTA는 멕시코 정부가 매달 옥수수 수입량을 정할 수 있는 권한을 주었고, 그 이상의 수입과 관세를 부과할 수 없도록 제한했다. 그러나 현실은 상당히 다르게 돌아갔다. 멕시코는 주어진 권한을 수행하는 데 항상 실패했고, 수입량은 제한폭을 상회했다.[99] 이는 멕시코처럼 시장집중화가 진행된 경우 싼 농산물을 수입함으로써 이득을 얻는 소수의 기업이 수백만의 소규모 농민들을 위한 정책적 방어막을 손쉽게 무너뜨릴 수 있다는 사실을 분명히 보여주는 사례다.

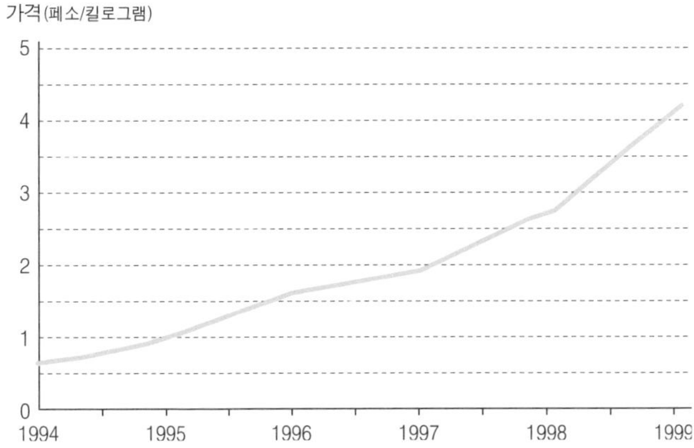

가격(페소/킬로그램)

도표 4.6 멕시코의 토르티야 소비자가격(출처 : 나달, 2000)

NAFTA 이후 멕시코의 옥수수 수입량은 3배로 늘어, 멕시코 고유의 옥수수 품종의 다양성에도 위협을 가하고 있다. 9000여 년 동안 이어져온 문화적·유전학적 유산이자 멕시코만의 독특한 공동체적 특질이 사라지고 있는 것이다. 미국에서 건너온 유전자변형 옥수수는 어떤 잠재적 해악을 가져올지도 모르는 상황에서 불법으로 유통되어 토산종을 대체하고 있다.[100]

멕시코의 다른 농산물 또한 NAFTA로 부정적 영향을 받기는 마찬가지다. 콩류, 밀, 가금류, 쇠고기 등은 수입량이 500퍼센트나 증가했으며 이로 인해 멕시코 식음료 유통산업과 생산·공급과 관련한 체계와 구조 전반이 파괴되었다.[101]

NAFTA로 인해 멕시코의 가난한 농가 상황은 대부분 극단적으로 악화되었다. 10년 만에 117만 5000명의 농민들이 일자리를 잃었으며 영양실조와 학교교육 중도 포기자의 수도 급격히 늘어났다.[102] NAFTA 체제에서 빈센트 폭스(멕시코의 64대 대통령-옮긴이) 정부는 60억 페소의 수출을 약속했지만 실제로 행해진 것은 그것의 단 7퍼센트다.

2003년, 멕시코의 토착 농민들은 더 이상 견딜 수 없어 El Campo No Aguanta Mas coalition('농민은 더 이상 이대로는 못 산다'의 뜻)의 이름 아래 힘을 모으기 시작했다. 1월 31일, 멕시코시티에서는 1930년대 이후 최대의 농민 저항운동이 일어났고,[103] 9월에는 각종 농민 연합세력이 WTO 장관회의에 맞서 거리로 몰려가 바리케이드를 에워쌌다.

무역자유화, 농업에 대한 신자유주의적 정책들로 얼룩진 멕시코의 사례에서 우리는 승자와 패자를 쉽게 구분할 수 있다. 패자는 멕시코 농민 대다수, 특히 소규모 농장을 운영하는 토착농민들이다. 멕시코 농작물의 생산가에도 못 미치는 미국의 값싼 덤핑 수입 농산물은 멕시코 경제의 기반을 무너뜨리고 삶 자체를 뒤흔들고 있다. 그들은 그나마 땅에서라도 쫓겨나지 않기 위해 가족이 생이별을 하고, 이민노동을 통해 돈을 송금한다. 이 돈은 멕시코 농민들의 참을 수 없는 눈물이고 슬픔이다. 반대로 분명한 승자는 미국의 농산업 기업들과 그들의 멕시코 파트너사들이다. 로라 칼센의 말을 들어보자.

'그들은' 자유무역 모델의 비호 아래서 비약적인 성장을 거듭해왔다. 수출이건 수입이건 국제무역상들은 미국 농산물 생산가를 밑도는 가격의 수출업자로서, 직접수출에 대한 보조금의 수혜자로서, 멕시코 수입업자로서 NAFTA에서 3중의 보조금 혜택을 누려왔다. 그들은 멕시코의 보조금 혜택도 받는다. 예를 들어, 멕시코 시나로아 주는 멕시코 주 가운데 가장 많은 보조금을 운영하고 있는데, 이 주에서 지불되는 보조금의 상당 부분은 카길에게 돌아가고 있다. 이들 기업은 생산가보다 낮은 가격을 통해 경쟁에서 항상 앞서게 되고 경쟁자들을 하나씩 제거해나가고 있다.

다른 승자들 가운데는 수출시장에서 경쟁할 여력이 있는 7퍼센트의 멕시코 농민이 포함된다.

WTO가 제공하는 수출신용 정책도 이와 같은 환경을 조성한 데 책임이 있다. 이미 농산물 공급체계가 와해되었고, 상품시장에서는 역사상 최소의 공급자가 모든 유통을 독점하여 집중화가 진행된 상황이기 때문에 이제는 현재의 가격 지원을 위한 보조금 정책을 철회한다 하더라도 덤핑을 막는 데는 큰 도움이 되지 못하거나 오히려 심각한 부작용만을 초래할 수도 있다.

아프리카 – 자유화와 수입의존

대부분 구조조정프로그램에 따라 진행된 아프리카 국가들의 자유화는 전형적인 시장개방, 소규모 농민 퇴출과 더불어 그들이 시장에 접근할 수 있도록 돕는 역할을 하던 최소한의 안전장치와 국유 곡물 유통기업들의 민영화로 진행되었다. 시장개방은 대개 지나친 수입의 원동력이 되었으며 안 그래도 부족한 외화의 출혈과 정부 부채 증가라는 결과를 낳고 말았다. 대부분의 아프리카 정부들은 오래지 않아 관련 정책의 기조를 바꾸지 않을 수 없었다.[104]

구조조정프로그램이 진행되던 20~30년 동안 미국의 아프리카에 대한 곡물 수출량은 지속적으로 늘어났고, WTO에 의해 진행된 시장개방 시기에 이르러 민영화의 속도는 더 빨라졌다. 아프리카로 수출하는 미국산 곡물의 양이 증가하면서 아프리카 각국에서는 국내 생산 곡물량 대비 수입량의 비중이 계속 증가하였는데 옥수수의 경우 특히 그 폭이 컸다. 도표 4.7a는 1980년대부터 1990년대까지 미국의 아프리카에 대한 곡물 수출량의 변화를 보여준다. 도표 4.7b는 20년 사이 아프리카의 국내 곡물 생산량 대비 수입량이 30퍼센트에서 38퍼센트까지 증가하는 동안, 옥수수는 1퍼센트에서 21퍼센트까지 증가하여 수입산 곡물에 대한 의존성이 확대되고 있음을 보여준다.

아프리카에서도 밀 수입 경향은 이제 일반화되어, 1996년에서 2000년 사이에만 수입량이 35퍼센트 증가하였다. 반면, 같은 기간 지나치게 싼 다른 농산물의 수입량은 평균 13퍼센트 감소했다. 부르키나파소의 경우 전체 농산물 수입량은 16퍼센트 증가에 그쳤으나 밀 수입량은 84퍼센트 증가했다. 프랑스어를 사용하는 이 서아프리카 국가는 밀려드는 덤핑 농산물 때문에 수많은 농민들이 농업을 포기하고 면화를 재배하기도 했다.

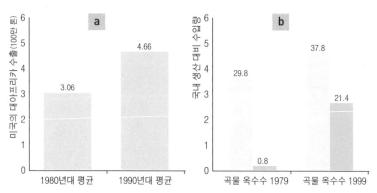

도표 4.7 (a)1980년대와 1990년대 아프리카에 대한 미국 곡물 수출량 평균
(b)1979년, 1999년 멕시코의 곡물과 옥수수 생산량 대비 수입량 비교 (출처 : FAOSTAT)

서아프리카는 세계에서 생산가가 가장 낮다는 이점이 있었지만 면화 가격의 폭락은 피할 수 없었다. 세계 면화 가격의 폭락은 미국 이나 유럽, 중국의 보조금 때문이라기보다는 1996년에 이루어진 미 국의 면화 공급통제 정책 종결에서 그 원인을 찾을 수 있다. 어쨌든 결과적으로 서아프리카는 1997년에서 2001년까지 매년 2억 달러에 달하는 손실을 입게 된다.[105]

1987년 초, IMF는 사하라 이남의 여러 아프리카 국가들이 '강화 된 구조조정기금ESAF' 프로그램을 받아들이도록 했다.[106] 이전보다 훨씬 강력한 구조조정프로그램을 시행하는 대신 부채를 경감하는 방식이었다. 도표 4.8을 통해 볼 수 있듯, 이 시기 아프리카 국가들 은 시장개방 강요로 인해 식량 수입량이 급격히 늘었다. 멕시코의 사례에서처럼 가난하고 경제 규모가 작은 국가일수록 농민들은 경 쟁력을 쉽게 상실하기 때문에 값싼 수입 농산물로 인한 충격에 취 약하다.[107]

요약해보면, 아프리카는 무역자유화로 인해 밀려드는 수입 물결 에 시장을 개방하였고, 소규모 농민들의 생계를 책임지던 최소한의 공적 방어막이 무너져 국내외의 정치적·경제적 충격에 농민들이 맨몸으로 부딪히게 만들고 말았다. 정부는 농민들을 단순히 자신의 일터에서 쫓겨나도록 만드는 대신 다른 대책을 마련했어야 했다. 결국 항상 그렇듯 작은 규모의 농장을 운영하는 가난한 농민들의 고통만 가중되었다. 멕시코와 마찬가지로 아프리카의 농민들도 자 신의 농장과 농장의 작물을 떠나 또 다른 수입원을 찾아 나서야만 했고, 그들의 생산성과 삶의 질은 떨어지게 되었다.

농산물 수출은 한때 아프리카 국가들의 농가수익 증대를 위해 괜

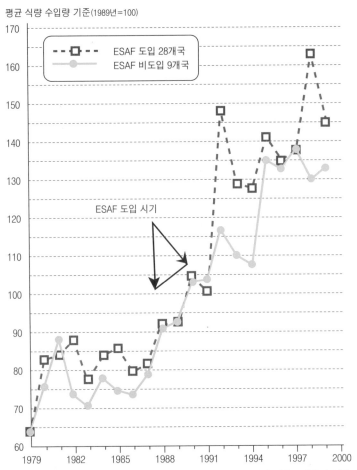

평균 식량 수입량 기준(1989년=100)

- ESAF 도입 28개국
- ESAF 비도입 9개국

ESAF 도입 시기

도표 4.8 1979~1999 ESAF를 도입한 아프리카 28개국과 그렇지 않은 9개국의 평균 식량 수입량 증감 비율 변화(출처 : IMF, 1999b(list of countries) ; FAOSTAT(수입관련 지표))

좋은 방법이었지만, 이제는 공급과잉에 이른 세계시장 속에서 지정학적·사회적 불평등의 원인으로만 작용하고 있다. 아프리카 국가들은 구조조정프로그램과 WTO라는 시장개방 환경 속에서 농업 경쟁력을 잃게 되었다. 그럼에도 불구하고 지구 반대편에서 밀려드는

값싼 농산물과의 경쟁은 나날이 치열해지고 있다.[108] 외국산 수입
농산물의 시장점유율 증가와 함께 지역 농민들이 설 곳을 잃어가는
등 아프리카의 농산물 자유화 역시 결국 멕시코에서와 유사한 결과
를 가져오고 말았다.

FOOD IS DIFFERENT

식량주권

새로운 농업과
식량 시스템을 위한 대안

Alternatives for a Different
Agriculture and Food System

새로운 농업과
식량 시스템을 위한 대안

WTO와 기타 협정을 통한 무역자유화는 대부분의 사람들이 열망하는 농업 및 식량 시스템으로의 진보에 방해가 되고 있다. 모두가 바라는 식량 시스템이란,

- 우리 모두에게 적합하고, 충분하며, 건강하고, 맛있고, 문화적으로도 적절한 음식을 공급해주는 시스템
- 우리가 속한 각각의 국가에서 농민들은 노동을 통해 생계에 필요한 임금을 얻을 수 있으며, 원하기만 한다면 도시로 떠나지 않고서도 살 수 있도록 하여 삶의 존엄성을 해치지 않는 시스템
- 촌락과 지역, 국가 단위의 경제적 발전을 포함하여 인류에 대한 포괄적 범위에서의 기여가 가능한 시스템
- 농촌 사람들 스스로 실행하는 생산적 천연자원(토양, 물, 유전적 자원, 생물학적 다양성)의 거시적이며 지속가능한 활용을 기반으로 농촌의 환경과 경관을 보존하고, 각 지역의 생활문화와 음식문화를 보호할 수 있는 시스템이다.

대부분 국가에서 국민 대다수가 맛도 없고 건강에도 나쁘며, 비쌀 뿐 아니라 지역과 국가의 식생활 전통에도 맞지 않는 선택을 해야만 하는 상황에 처해 있다. 각국의 농민들은 생계의 기반인 농토를 팔고 새로운 기회를 찾아 도시 외곽의 빈민가나 판자촌으로 스며들고 있다. 농촌은 아이오와 주에서 아프리카에 이르기까지 경제적 파탄에 이르게 되었으며, 농업이 지역과 국가발전에 기여하는 정도도 역사상 최저 수준으로 떨어지고 말았다. 환경이 오염되고, 토양은 살충제로 점점 몹쓸 땅으로 파괴되었으며, 생물다양성은 사라지고 있다.

정책적 대안들

우리 모두가 원하는 식량 시스템을 구축하려면 복합적 기능을 수행할 수 있는 대안적 농업 패러다임과 식량주권을 위한 구체적 정책 대안이 마련되어야 한다(Special Topics 〈식량주권 선언문〉을 참고하라). 이를 위해서 누구나 공감할 수 있는, 상호보완적 제안들이 다양한 측면에서 제기되고 있다.

넓은 범위에서 이 제안들이 상호보완적인 이유는, WTO나 다른 무역협정의 틀 안에서 가장 적합한 토론의 장이 이루어질 수 있다고 믿는 측과 기존의 것과는 다른 차원의 공론장이 만들어져야만 한다고 믿는 측 사이에 큰 의견차가 존재하기 때문이다. 폭넓게 바라볼 때 전 지구적 합의는 이와 같이 다양한 견해들의 접점에서, 혹은 그 전체를 포괄하고 있다.[109] 가족 단위 농장들과 농민, 토착민,

무역단체들, 소비자, 정책기구, 학계 등 다양한 집단들이 내세운 제안들 가운데 가장 특색 있는 제안들을 간략히 요약하였다.

시장접근과 시장보호 –
덤핑을 중단하고 정당한 가격을 지불하라

부유한 국가들이 가난한 국가에서 생산된 상품에 대해 자국시장을 개방하는 것보다 가난한 국가의 시장을 더 많이 개방하게 할 때, 대부분의 관찰자들은 이와 같은 시스템은 균형이 맞지 않고 불공정한 것으로 여긴다. 일단 가난한 국가의 시장이 개방되면 덤핑에 상당히 취약해진다. 국제 농업협상의 목적이 덤핑의 종결에 있다는 것에 적어도 수사적으로는 모두가 동의할 것이다. 이를 현실화하기 위해서는 몇 가지 단계를 거쳐야 한다.[110]

첫째, 말처럼 쉽지는 않겠지만 직간접적 형태의 수출 보조금을 제거해야 한다. 이론적으로는 WTO 회원국들까지 이에 동의하고 있다. 하지만 실제로 이들은 수많은 형태의 보조금들을 위장하거나 숨기고 있다(Special Topics 〈WTO는 어떻게 농업을 지배하는가〉를 보라). 보조금 철폐를 위한 간단한 해결책 중 하나는 국제 농산물 교역에 있어서 생산가(농가 생계를 위한 충분한 임금에 생산비용을 더한 가격) 이하로의 판매를 금지하는 것이다.

이를 실행에 옮기려면 상품 생산에 드는 전체 비용을 계산하는 분명한 지침이 제공되어야 한다. 관련 국제기관들은 덤핑이 발생하고 있는지를 판단할 수 있도록 각 수출국에 적합한 생산가를 판단하는 방법론을 고안하고 그 결과를 공표해야 한다. 생산가에는 모든 생산비용과 일반적 보조금은 물론이고, 육류와 낙농업 제품의 경우 생산될 때까지 소요되는 사료에 대한 보조금과 같은 간접적 금액까지도 모두 포함되어야 한다.

둘째, 자발적 협력을 기대하기란 사실상 어렵기 때문에 모든 국가들이 덤핑에서 자국시장을 보호하기 위해 광범위한 조처를 취할 수 있어야 한다. 예를 들어, 수출 국가가 생산가 이하의 가격으로 덤핑을 시작할 경우 모든 국가들은 상쇄관세 등의 보호조처(수입량 제한과 봉쇄를 포함하여)를 취할 수 있도록 허용되어야 한다. 더 나아가 핵심적인 식량에 대해서는 식량주권과 농민의 생활안정을 위하여 덤핑이 발생했다는 사실을 증명하지 않고서도 보호조처를 수행할 수 있는 제도적 장치가 마련되어야 한다.

셋째, 상당히 어려운 일이라는 것은 경험을 통해 우리 모두가 잘 알고 있지만, 특히 정치적으로 약소국일수록 자국시장을 보호하기 위해 정치적 강국의 덤핑에 대한 상쇄관세를 부과할 수 있도록 해야 한다. 세계 무역체계는 심각한 수준의 정치적·경제적 힘의 불균형을 기반으로 이루어져 있다. 덤핑을 효과적으로 종결시키기 위해서는 미국과 EU, 그 밖의 다른 농산물 수출 강대국들을 견제할 수 있는 보완적 정책들이 필요하다. 이는 마케팅 비용과 납득할 만한 수익을 포함하여 생산가 전체를 포착해낼 수 있는 정책이어야 한다. 국내 가격과 국제 가격이 거의 비슷한 미국의 경우 미국 전국가족농연합회NFFC가 주장하듯이 농산물에 대한 기준가를 재정비하여 이와 같은 정책이 가능할 수 있다(Special Topics 〈가족농업법〉을 참고하라). 공급가는 정부가 농산물을 위한 최소한의 가격으로 설정한다.

이는 최소 가격 혹은 생활비용에 대한 법제로서, 기관 등이 농가에서 농산품을 구입할 때는 적어도 정부가 제시한 최소 가격 이상의 금액을 지불하도록 강제하는 것이다. 이 가격이 농산물 생산비용에 적절한 수익을 포함한다면 더 이상 그 상품이 시장에서 덤핑되는 일은 없게 될 것이다. 이를 통해 미국 농민들은 수십 년 동안 이룰 수 없었던, 그들이 생산한 농작물이 적절한 가격에 판매되는 중요한 소득을 얻게 될 것이다.

공급통제 – 과잉생산을 규제하라

미국의 1996년 농업법 규제 완화는 농산물 판매에 대한 최소한도의 가격 제한과 토양 및 식량의 품종보존을 위한 공급제어 시스템의 제거를 의미했다. 그 영향으로 농산물 가격은 떨어지고, 떨어진 가격만큼을 벌충하기 위해 농민들은 점점 더 많은 농사를 지어야 했으며, 더 많은 농산물의 공급은 계속해서 가격을 떨어뜨리는 새로운 원인이 되었다. 농산물의 가격이 점차 떨어지자 보조금은 더욱 상승했다.[111]

역사상 이례가 없을 만큼 높아지는 생산가와 자꾸만 떨어지는 수입을 보충하기 위한 더 많은 생산, 전 지구적 과잉생산으로 가격은 더 떨어지는 경쟁상황이 연출되었다. 과잉생산의 가장 큰 책임은 미국과 유럽의 소수 농산물 수출회사들에게 있다.

주목할 만한 사실은 미국과 유럽(미국 전국가족농연합회와 유럽 농민협동조합 모두 비아 캄페시나의 회원기관이다)의 주요 농민단체들이 공급제어 정책과 가격부양책은 국가적 차원에 국한되지 않고 국제적 차원에서 실시해야 한다는 데 목소리를 모으고 있다는 사실이다 (Special Topics 〈유럽과 미국 소농민의 입장〉〈소농 및 가족농 연합의 입장〉을 참고하라).

생산량 규제는 시장 근본주의적 입장과는 분명히 배치된다. 그러나 지금처럼 고도로 집중화된 시장 상황은 애덤 스미스가 제창하던 자유시장의 비전과는 큰 차이가 있다. 경제학자들도 지금의 시장이 심각하게 왜곡되었다는 데 동의하고 있다. 농업기구들은 자신들이 처한 무한 가격하락 시대를 벗어나길 원하며 피부에 와 닿는 규제를 통렬히 촉구하고 있다.

이를 위해서는 두 단계의 조치가 필요하다.[112] 첫 번째는 미국과 유럽의 핵심 농작물에 대한 생산량 제한 정책을 다시 가동시키는 것이다. 북미 등의 선진국 사례를 통해 볼 때 유일하게 검증된 생산량 감소 방법은 경작지를 줄이는 동시에 잉여생산물과 가격을 (공익을 위해) 통제하는 것이었다. 이는 비록 간접적이라고 하더라도 잉여생산물에 관한 통제권을 가지고 각종 농산업 정책 결정에 관여하는 농기업들을 규제할 수 있도록 하는 메커니즘으로 작용할 것이다. 미국의 넌-리코스 대출non-recourse loan의 확대와 농산물 담보대출 farmer-owned reserves은 그와 같은 시스템의 핵심적인 부분이 될 수 있다. 이를 통해 농민들은 지나치게 많은 농산물이 시장에 공급되는 상황을 피하고, 공급이 부족할 때 시장으로 돌아갈 수 있다. 조지 네일러의 말을 들어보자.

넌-리코스 대출은 20세기 농업에 있어서 가장 중요한 사회적 발명품이다. 이는 실제적인 하한가를 설정하여 어떤 작물이 고립된 특정 지역에서 지나치게 많이 생산되지 않는 한 대출금 아래로 농산물 가격이 떨어질 수 없도록 방지한다. 만약 농산물 가격이 지나치게 떨어져 시장에 팔 수 없는 상황이 발생하면 농부는 이를 담보로 대출을 받을 수 있다. 담보로 잡힌 농산물은 정부가 미래의 식량안보를 위한 유익한 자산으로 저장하고 있다가 예상치 못한 상황으로 다시 가격이 상승하면 시장에 풀게 된다. 정부는 가격이 하락하는 농산물을 묶어둠으로써 가격 하락을 막을 수 있고, 특정 가격 이하로 떨어질 리가 없기 때문에 이익도 기대할 수 있다. 농산물을 담보로 대출금을 지불하는 것 또한 다른 직간접적 보조금과 달리 일종의 투자가 될 수 있는 것이다.[113]

현존하는 모델 가운데 배울 만한 가치가 있는 것으로는 캐나다 밀생산농민협회Canadian Wheat Board의 사례가 있다. 캐나다 밀생산농민 협회는 토질 보호를 위해 캠페인을 전개하는 한편 가족 단위의 소규모 농가 보호와 소득 증대를 위해 정부의 농기업에 대한 지원 방향을 조정하는 역할을 하고 있다. 농산물 보조금도 가격 하락의 결과이므로 보조금 축소를 위한 행동도 병행한다. 보조금 축소에 관해서는 더 많은 연구가 필요할 것이다.

레이 연구팀은 다음의 세 가지 대안적 정책을 연동한 시나리오를 바탕으로 하여 가상실험을 진행한 바 있다. ①장·단기간 농작할 농경지를 구분한다(유휴지 정책). 이는 경작지 면적을 줄이는 결과를 가져온다. ②농산물을 담보로 하는 대출을 시행한다. ③가격지원 정책을 편다.[114] 그들은 실험을 통해서 이러한 연동 프로그램을 수행하려면 비용이 발생하지만 현재 미국의 농업 보조금 지원액 중 100~120억 달러를 기본적으로 절감할 수 있다는 사실을 밝혔다. 정부는 단지 농산물 가격이 조정될 수 있도록 약간의 노력을 기울였을 뿐이지만 엄청난 세금감면 효과가 나타나는 것이다. '자유' 시장에서 한 걸음만 뒤로 물러선다면 소규모 농민들의 경쟁력을 제고할 수 있는 기반을 닦을 수 있다.

둘째로, 전 지구적 차원의 구조적 공급 과잉을 통제할 수 있는 국제적 공급 제한에 대한 합의가 요구된다. 농민기구를 포함해서 각계에서는 유엔 무역개발협의회가 예전에 체결했던 각종 상품협정에 대해 심도 있는 연구를 수행할 것을 요구하고 있다. 상품협정은 국제무역을 규제하던 우루과이라운드를 지탱하는 대들보 역할을 했다. 예를 들어, 국제 커피 협상 당시 커피 재배 농민들은 지금과 비교할 수 없을 정도의 보호를 받을 수 있었다. 이러한 상품협정들이 무너지는 이유는 국내적 취약점 때문이 아니라 선진국의 정치적 지원이 사라졌기 때문이다.¹¹⁵ 따라서 각종 상품협정들을 어떻게 계승·발전시킬 수 있는지에 대한 연구가 시급하다.¹¹⁶

시장집중화 – 반독점 제재를 통해 신뢰를 회복하라

농산업과 관련된 다국적 대기업들에 의한 시장집중화를 누그러뜨릴 수 있는 방법을 가장 먼저 강구해야 한다. 레이의 연구에 따르면 공급조절 정책만으로도 상당한 세금을 아끼는 동시에 지나친 농산물 가격의 하락을 막을 수 있다. 다국적기업들이 농산물 시장을 떠나게 되면서 집중화된 시장구조가 원래의 모습을 찾는 과정에서 바로 그와 같은 효과가 나타난다.

농산업 복합기업들이 낮은 가격에 농산물을 구입해 높은 소비자 가격으로 팔 수 있었던 이유는, 기업 규모가 주는 정치적 힘을 활용하여 정부의 정책 결정자들과 무역협상 담당자들을 자신의 뜻대로 주무를 수 있었기 때문이다. 이들 농기업들의 정치적 힘과 시장 장악력을 제어하지 못한다면, 이 책을 통해 제안하고 있는 대부분의 변화는 실현되지 못할 것이다.[117]

그러나 불행하게도 '경쟁정책'에 관한 WTO의 협상들은 대형 농기업들의 힘을 억제하기보다는 오히려 시장 개입을 통해 농산물 가격을 정상화하려는 공공기업의 노력을 저지하는 방향으로 전개되고 있다. 공적기관들은 제3세계 국가 등지에서 일단 최저가격을 결정하여 소규모 농부들이 생산한 농작물을 일괄적으로 구입하는 동시에 무역협정 등을 통해 가격구조를 결정지을 수 있다. 농부들에게는 바로 이와 같은 역할을 담당할 기구나 기관이 필요한데, WTO의 접근법은 오히려 정반대의 역할을 해온 것이다.

지금 필요한 것은 몇몇 농기업들이 전세계의 농산물 유통 등을 장악하고 있는 과점 상황을 역전시킬 수 있는 건전한 경쟁 체제다. WTO가 이와 같은 체제를 구축하기 위한 바른 협의체인가 질문한다면 많은 이들은 오히려 시급히 또 다른 체제를 구축해야 한다고 대답할 것이다.

이미 미국과 유럽뿐 아니라 대부분의 국가에서 법률상 명시되어 있는 독과점 방지 관련 법안부터 작동할 수 있게 해야 한다. 다시 한 번 강조하지만 이는 말만큼 쉬운 일이 결코 아니다. 미국의 경우 반독점법이 발달한 국가지만 실제 적용에 있어서는 점차 그 힘이 약해졌다.

농업무역정책기구의 소피아 머피가 수행한 통계에 따르면 1994년 10월부터 1996년 9월까지 미국 농무부 연방곡물검역국GIPSA이 접수한 반독점법 위반 사례만 하더라도 2000건이 넘는다. 연방곡물검역국은 그 가운데 800건 이상은 분명한 반독점법 위반 사례였다고 밝혔지만, 상습적인 사례를 포함하여 84건에 대해서만 수사에 착수하였고, 그 가운데서도 단 3건만을 강제적 행동으로까지 진전시킬 수 있었다.[118]

이 같은 법은 단체행동에 의해서만 추진될 수 있다. 1800년대 후반에 시작하여 1900년대 초까지 전개되었던 대규모 반독점운동도 미국 농민운동에서 촉발되어 다양한 분야(철도, 식육가공, 석유, 설탕, 담배)의 독점반대 움직임으로 확대되었다.[119] 오늘날 다시 한 번 농민단체들이 자신들의 목을 조여오는 대규모 농기업들에 대항하여 목소리를 높이고 있는 상황이 전개되고 있다. 이제 국경을 초월하는 협력과 다각적인 기능을 수행할 기구의 설립이 필요하다. 다국적기업의 이익을 실현하는 것은 결코 개발도상국의 식량문제 해결에 도움이 되지 못한다. 전 지구적 차원의 반독점기관이 필요한 시점이다.

공공부문 예산 – '보조금'은 나쁜 것이 아니다

우리는 부적절하고 낭비만 부추기는, 그래서 비아 캄페시나 등의 농민단체들이 그토록 없애기를 소망하는 보조금과 꼭 필요할 뿐 아니라 합법적인 공적 서비스로서의 경제개발 전략 사이에 큰 차이가 있다는 사실을 기억해야 한다. 안타깝게도 양자 모두 '보조금은 나쁜 것'이라는 전제 아래 동일한 취급을 받고 있다.

그러나 전세계 각지의 농민단체들은 공공부문의 자금이 농민들에게 꼭 필요하다는 사실을 잘 알고 있다. 신용정책이나 판매지원, 공급조정, 가격제한 정책, 연구, 채무 반환기간 유예, 교육, 진로, 기반시설, 생산증대 정책, 환경보존, 살충제 규제, 반독점 제재 등 이루 셀 수 없을 만큼 다양한 분야에서 공적 지원을 요구하고 있다. 국제사회의 어떤 '선진국'도 아직까지는 앞에서 열거한 부문이 공적 지원 없이 안정적으로 운영될 만큼 성숙한 경제 환경을 가지지 못하고 있다. 물론 다각적인 공적 지원에 의해 적든 크든 혜택을 누리지 않고 있는 농가도 없다.

'보조금'을 단순히 나쁜 것으로 매도하는 분위기는 빨리 바뀌어야 한다. 이를 위해서는 국가간 대화는 물론 각국의 상황에 맞는 우선순위를 정립해야 한다. 국제적 차원에서 동의를 얻고, 엄격하고도 효과적으로 금지되어야 하는 보조금은 직간접적으로 과잉생산과 수출을 부추기는 종류의 보조금이다. 그러나 투명하게 제공되며 긍정적인 역할을 하는 보조금과 공공영역의 자금 지원은 더욱 활성화할 필요가 있다.[120]

농업에 관여하는 지적재산권과 기타 WTO 이슈들

지금까지 우리는 농업과 관련한 각종 국제협상에서 다루는 수준에서 농산물 무역과 보조금 정책에 대해 살펴보았다. 그러나 WTO를 포함한 여타의 무역협정들이 식품과 농업, 농촌 사람들의 생계를 잠식해가는 현 상황에 대한 근본적인 해결책을 제시하기는 어렵다. 국제협상이 제시하는 경쟁, 투자, 정부조달 등에 관한 조항들은 많은 국가에서 부정적인 영향만 끼치고 있다. 그 가운데서 이 보고서에 충분히 다룰 수 없지만 여전히 중요한 이슈는 아마도 WTO의 부속협정인 무역관련지적재산권에관한협정TRIPs과 생명체에 관한 특허권과 관련된 부분일 것이다. 생물해적행위biopiracy, 유전자변형

작물과 축산물에 대한 논쟁이 이와 연계되어 있다. 대다수 시민사
회단체들은 생명체와 관련된 특허권에 대해서 강한 반감을 표하고
있으며 유전자조작 생명체와 식품에 대해서 각 국가가 충분히 경계
할 수 있는 권리를 가졌다고 믿는다.[121]

협상틀과 관련한 토론들 –
WTO는 식품과 농업문제에서 빠져라?

제목에서 암시하고 있듯이 주어진 대안들이 WTO와 다른 무역협
정의 전제 안에서 다루어질 수 있는가에 대한 논란이 적지 않다. 탁
월한 국제학자인 월든 벨로는 WTO는 기업활동의 규제를 논하기보
다 미국과 유럽의 이익을 위해 불균등한 무역자유화를 달성하려는
장에 불과하다고 주장한다.[122] 비아 캄페시나는 일관되게 'WTO는
식품과 농업문제에서 빠질 것'을 주장하고 있으며 그 뒤에서 소규
모 농민들과 세계의 농민단체들이 힘을 보태고 있다.

WTO를 비롯한 무역자유화 협정들은 공공이익, 투명성, 민주주
의에 반하는 요소를 규제하는 것보다 무역에 방해가 되는 요소들을
제거하는 것이 그 목적이다.[123] 벨로를 위시한 일각에서는 WTO가
관여할 수 있는 범위를 축소하는 대신, 유엔 산하기관 중 실질적인
역할을 하지 못했던 관련 기구들에 힘을 실어주는 방안을 찾아야
한다고 주장한다. 유엔 무역개발협의회UNCTAD, 국제노동연맹ILO,
유엔 식량농업기구FAO 등은 더 민주주의적인 방법으로 WTO의 역
할을 대신할 수 있다.[124] 비아 캄페시나와 목소리를 같이 하는 국제
농민단체들은 실제로 UNCTAD, ILO, FAO가 주축이 되어 농업과
식량의 미래를 위한 새로운 미래대화 채널을 조직할 것을 요구하고

있다(Special Topics 〈유럽과 미국 소농민의 입장〉).

WTO에 반대하는 연대세력은 농업 부문을 넘어서 이미 피해를 입은 각종 생산업과 서비스업을 포괄하고 있으며,[125] WTO가 그 활동을 멈출 때 비로소 세상이 한 단계 더 나아질 것이라는 사실을 논리적으로 설명해내고 있다. 비아 캄페시나의 주장은 이렇게 바꾸어 말할 수 있겠다. 'WTO는 '적어도' 식품과 농업문제는 제외하라.'

정책 변화를 위한 핵심적 현장으로는 미국의 농업법이나 유럽의 공동농업정책, 여타 국가의 농업 관련 정책을 수립하는 메커니즘이 있다. 미국의 경우 전국가족농연합회가 앞에 소개된 목적에 부합하는 대안적 농업법을 제안해왔고(Special Topics 〈가족농업법〉을 보라),[126] EU에서는 유럽농민연합이 공동농업정책을 대안으로 제시해왔다 (Special Topics 〈적법하고 지속가능하며 보완적인 공동농업정책〉을 보라).[127]

 협력의 가능성

팀 와이즈의 말처럼[128] 이와 같은 대안을 추구하는 데는 상당한 장애가 따르는데 그 중에서도 힘있는 기업들과 그들과 연계된 정부는 현재의 농산물 국제교역을 통해 큰 이득을 얻고 있기 때문에 가장 힘든 상대가 될 것이다. 그러나 이 제안들에는 선진국의 농업 보조금을 없애자는 취지도 담겨 있기 때문에 기업들 또한 적어도 이 점에서는 매력을 느끼며 공동의 입장을 취할 여지가 있다.

무엇보다도, 이 제안들은 비아 캄페시나의 협력 범위가 보여주듯 선진국, 후진국과 동서양을 가리지 않고 전세계의 농민들이 뜻을

모을 수 있도록 돕는다. 그뿐 아니라 국가적·국제적 차원의 시민사
회 결집과 연대 형성을 위한 근원적 토대를 제공한다. 더 나은 식량
과 농업 시스템을 위한 국제적 연대를 통해 소규모 농민과 소작농,
각국 토착농, 농장 노동자, 소규모 어부, 목장주, 소비자, 환경론자,
인권론자, 종교 단체 등 일일이 열거할 수 없을 만큼 다양한 집단들
간의 교류와 협력을 이루어낼 수 있을 것이다.

　이 제안들은 또 많은 제3세계 국가와 G10 정부들로 하여금 공통
의 농산업 및 농산물 수출의 기본 방향을 찾을 수 있도록 도울 것이
다. 각국의 식량과 농산업 정책이 덤핑을 부추기지 않는 한, 국가 통
치권에 덜 손상을 가하면서도 각국의 선호에 맞는 식량과 농산업
시스템을 유지할 수 있도록 도울 수 있다. 이를 위해 비용이 발생한
다 하더라도 농산물 보조금으로 허비되는 것에 비하면 오히려 절약
되는 셈이며, 이를 통해 다른 사회적 소득을 얻을 수도 있다.

CONCLUSION
또 다른 식량 시스템은 가능하다

Another Food System is Possible

　　우리는 할 수 있다. 세계의 농업경제를 파괴하고, 농민과 축산농
가를 길거리로, 슬럼으로, 국제 이민자로 내모는 지금의 글로벌 식
량 시스템을 우리가 왜 고수하겠는가? 이것이 농민을 죽이고 있다.
토양을 파괴하고, 식수를 오염시키며, 살충제에 면역을 지닌 해충
들을 길러내고 있다. 시골에서는 나무가 사라지고 미래의 농업 생
산성은 더 이상 담보되지도 않는다. 먼 곳에서부터 배를 타고 건너
왔기 때문에 비싸면서도 전혀 건강하지 않고, 역겨운 맛의 음식을
우리는 왜 먹고 있는가? 설탕, 소금, 지방, 녹말, 발암성 색소와 방부
제, 살충제 잔여물, 유전자변형 식물, 지구적 유행인 비만, 심장병,
당뇨병, 암을 나누고자 함인가? 지금의 시스템 안에서 대기업들의
운송 매출이 늘어가는 동안 농민과 소비자를 죽이고 정부를 부패시
키며 환경을 파괴시키기 위함인가?

　　나는 좋은 것은 좋다고 말할 줄 안다. 그러나 그렇지 않다면 멕시
코 사파티스타처럼 '바스타!(스페인어로 '충분하다'란 뜻-옮긴이)'를 외

처라. 지금의 시스템은 우리 모두를 해치고 있다. 여기서 우리란 동서양과 선진국, 후진국을 막론하고 세계 '대다수'의 사람들을 지칭한다. 이익을 얻는 측은 몇 안 되는 기업들과 부패한 공무원 등 소수에 불과하다.

나는 우리 모두가 비아 캄페시나의 뜻에 따라 '식량주권 선언문(Special Topics 참고)'과 같은 강령들을 채택하고 지역, 국가, 더 나아가 전 지구적 차원의 광범위한 협력체를 이룰 수 있다고 믿는다. 협력을 통해서만 뜻을 같이 하는 우리의 힘을 배가하여 진정한 변화를 이루어낼 수 있을 것이다.

식량은 '다르다.' 식량은 우리의 삶과 밀접한 관계를 가지고 다양한 방법으로 인간 그리고 환경에게 큰 영향을 끼치고 있기에 다른 상품과는 다르다. 식량은 우리를 움직이게 만드는 힘을 가지고 있다. 식량은 개인적(식량은 우리의 몸에 영향을 끼친다)이지만 동시에 정치적(식량은 세계를 움직인다)이어서 개인적 관심의 융합으로 정치적 차원의 힘도 만들어낼 수 있는 가능성이 충분하다. 우리는 건강하고, 맛도 좋으며, 문화와 역사를 지킬 수 있는 적절한 식량 시스템을 가질 권리가 있다. 이는 농민과 농가, 토착민을 포함하여 모든 인간에게, 또 환경과 생태계에 도움이 될 것이다.

5장에서 우리는 상식에 입각하여 생각할 수 있는 간단하지만 다양한 대안들에 대해 살펴보았다. 이미 존재하고 있는 방법들(예를 들어 반독점법)이나 손봐야 할 오래된 정책들(예를 들어 공급조절 정책)을 살펴보았지만 그것을 현실에 적용하는 것은 그리 만만한 작업이 아니다.

이를 위해서는 우선 WTO가 주도하는 양자간 협정이나 각종 지역 단위의 자유무역협정을 통해 급격히 진행되고 있는 무역자유화의 고리를 끊어야 한다. 덤핑과 같은 공격적 수출 방법으로 타국에게 해를 끼치지 않는 한 각각의 민족과 국가는 자신에게 가장 적절한 식량정책과 농업정책을 꾸려 친농민, 친환경, 친고객화할 수 있도록 하는 변화에 최선을 다해야 한다.

이것이 정말 지나친 기대인가? 우리를 해치는 시스템 대신 사람과 환경에게 유익할 뿐 아니라 실현가능한 대안이라고 생각하지는 않는가? 대통합을 이루어보자. 가능할 뿐 아니라 꿈꿔볼 만한 세상을 현실화하기 위한 첫 걸음을 이제 떼어보자. 이제 시작이다.

WTO는 농민을 죽인다!
WTO와 다른 자유무역협정들은 식량 및 농업협상을 중단하라!
또 다른 세상은 가능하다!

FOOD

IS

DIFFERENT

식량주권

SPECIAL TOPICS

WTO는 어떻게 농업을 지배하는가[129]

농업협정의 쟁점 세 가지

1995년 1월, WTO 출범과 함께 우루과이라운드 농업협정AoA이 발효되었다. 이 협정에 따라 각국은 시장접근성을 높이기 위해 수입장벽을 낮추는 동시에 수출 보조금과 국내 보조를 줄여야 했다. WTO의 농업교역 협상과 관련된 쟁점은 크게 다음의 세 가지 주제로 나누어볼 수 있다.

시장접근성

농업협정을 시행함과 동시에 모든 회원국은 수입 할당과 같은 무역량 제한 규제와 비관세 무역장벽을 철폐하고 이를 일괄 관세로 대체하도록 되어 있다. 또 회원국은 관세를 감축해야 하는데 선진국의 경우 1995년부터 2000년까지 6년간 35퍼센트, 개발도상국은 1995년부터 2004년까지 10년간 24퍼센트까지 점차적으로 감축해야 한다. 최저개발국의 경우 관세를 줄이지 않아도 되지만 관세를 인상할 수 없다.

2004년에는 저관세보다 고관세 감축에 관하여 더 많은 합의가 이루어졌다. 이 합의는 표면상 합리적으로 보이지만 실제로는 가난한 나라를 심하게 차별하는 조처로 평가된다. 부유한 국가의 경우 막대한 정부지출이 요구되더라도 다양한 방법으로 자국 농민을 지원할 수 있지만 가난한 국가는 그만한 지출을 감당할 수 없다. 따라서 가난한 나라가 실질적으로 자국 농민을 지원할 수 있는 유일한 방법은 관세나 국내시장에서의 덤핑을 제한하는 수입규제를 통해 국내 곡물 가격을 올리는 수밖에 없다. 그런데 이런 국가들의 고관세를 일방적으로 감축하는 방안에 대한 합의는 아무래도 심한 차별적 조처라는 것이다.

2004년 8월 1일자 《뉴욕타임스》의 기사를 통해 우리는 이와 같은 사실을 다시 한 번 확인할 수 있다.

> 미국은 높은 관세정책을 유지하는 국가들과의 협의에서 많은 삭감에 대한 약속을 얻어낸 것에 만족한다. 이는 개발도상국에 대한 미국 농산품의 진입 관문이 넓어졌음을 의미한다. 익명을 요구한 정부의 무역담당 공무원은 "이번 협상에서 미국, WTO, 수출업자, 소비자, 개발도상국, 선진국 모두가 윈-윈win-win했다고 믿는다"고 밝혔다.

대부분이 남반구에 밀집되어 있는 개발도상국에게 시장접근성이란 미국과 EU 시장이 '개방'됨을 의미한다. 실제로 이 두 시장에 접근할 수 있다면 개발도상국들에게 시장접근이 나쁠 것이 없겠지만 만약 그렇게 되지 못한다면 독이 든 미끼가 될 수 있다. 독이 든 미끼는 미국과 EU 같은 무역 강대국들이 진짜 원하는 것으로, 그들은 가난한 국가에 미국과 EU의 수출품을 팔기 위한 협상을 동시에 추진한다. 미국과 EU는 협상 라운드마다 아직 별로 열리지 않은 자신들의 시장을 활용하는 협상카드로 이 미끼를 조금씩 아껴가며 사용하고 있다.

하지만 최저개발국에 있어 농산품을 수출해서 얻는 부가가치란 전체적으로 창출되는 부가가치의 10퍼센트에도 미치지 못한다는 점을 생각한다면 이 악마와도 같은 협상을 제안하는 측이 노리는 것이 무엇인지는 명확해진다. 그들은 소규모 영농이 국내 식량 생산의 다수를 차지하는 국가들에게 '국내 시장가격의 90퍼센트로 덤핑할 수 있도록 시장접근성을 제공하라'고 요구하는 한편, 소수의 대규모 농업 수출 엘리트가 다수를 차지하는 자국시장에서는 '남미 농산품이 10퍼센트를 점유할 수 있는 기회 그 이상을 제공'하겠다고 제안한다.

불행하게도 식량 생산의 90퍼센트를 책임지는 전세계의 농민들은 이를 활용할 능력이 없다. 대부분의 제3세계 국가들은 이 과정에서 시장접근성이라는 미끼에 걸려들어 큰 타격을 입게 된다. 강력한 힘을 가지고 있는 농산품 수출 엘리트에게 무슨 수로 맞설 수 있겠는가. 이렇게 미끼를 물고 중독 증상을 보이는 개발도상국이 한둘이 아니라는 데 문제가 있다.

수출 보조금은 언젠가는 금지되어야 할 '철폐 대상'이다. 1986년부터 1988년까지의 보조금을 기준으로 할 때, 선진국의 경우 시장가치 기준으로는 36퍼센트를, 금액은 21퍼센트를 삭감해야 하며, 개발도상국의 경우 10년 내에 각각 24퍼센트, 14퍼센트까지 줄이도록 합의했다.

국내 보조

국내 보조 감축의 표면상 근거는, 어떤 방식으로든지 수출품의 생산 지원을 목적으로 지급되는 보조금의 부당성을 지적하는 데 있다. 그러나 이 복잡한 지원 정책이 끼치는 다양한 파급효과를 따로 떼어놓고 생각한다는 것은 어려운 문제다. 다양한 방식으로 이뤄지는 보조금 지불은 직간접적으로 생산을 촉진시켜 과잉생산의 원인이 되며, 따라서 수출시장에는 덤핑과 같은 할인품목이 넘치거나 경쟁자인 수입품을 국내시장에서 밀어내는 등 시장 접근을 가로막는 기제로 작동할 수 있다.

이런 복잡한 문제를 해결하기 위해 국내 보조는 다음의 세 가지 종류box로 나뉜다. 우선 감축대상 보조금Amber Box은 투입 보조금처럼 교역을 왜곡시키거나 공급을 증가시킬 수 있는 보조금 제도를 가리키며, 생산제한 직접지불Blue Box은 반대로 공급을 제한하기 위해 농민에게 지급되는 직접지불금과 같은 프로그램을 말한다. 허용 보조Green Box는 공공부문의 연구자금 조달, 곡물판매 보조금 등 생산량에 직접적인 영향을 거의 끼치지 않는 조치를 가리킨다.

이러한 분류는 보조금 '지불의 강도'를 기준으로 한 것인데, 이

세 가지에 포함되지 않는, 또 다른 종류의 국내 보조가 상당 부분 존재하고 있다. 아직까지 이와 관련된 연구는 상당히 미흡하여 앞으로 다방면에 걸친 연구가 진행되어야 할 것이다. 지금까지 진행된 논의에 대해서 계속 살펴보도록 하자.

지금까지 상당한 경제적 불균형이 존재해왔음에도 불구하고 개발도상국들과 선진국들은 사실상 동일한 조건의 농업분야 개방을 진행해야 하는 상황이다(물론 관세삭감 비율이나 기간 등에서는 미세한 차이가 있다). 반면 최저개발국은 관세나 보조금을 삭감하지 않아도 된다. 그 대신 개발 정책을 바꾸게 하는 등, 이로 인해 향후 인상이 필요할 경우에도 관세나 보조금을 인상할 수 없도록 되어 있다.

미국과 EU가 다른 어떤 국가보다 국내 보조를 많이 하고 있다는 데는 의심의 여지가 없다. 앞에서 소개한 세 종류의 국내 보조는 실제로 무제한적인 지출을 요하기 때문에 선진국에게는 그렇게 어려운 지원이 아닐 수 있으나 방대한 규모의 국내 보조를 지원할 자금이 없는 대부분의 개발도상국과는 거리가 멀다. 따라서 이러한 국내 보조는 각종 국제협상에서 분쟁의 원인이 되고 있으며, 선진국들은 이 세 가지 국내 보조를 통한 실질적인 보조금 지원 사실을 '은폐하기' 위해 상당한 노력을 기울이고 있다. 그러나 시애틀과 칸쿤의 대규모 시위를 통해 확인되듯이 미국과 EU의 위선과 조삼모사식 태도에 대해 국제적 반발은 나날이 커져가고 있다.

🍚 사기게임, '보조금을 숨겨라'

세 종류의 국내 보조는 다양한 형태로 진행되며 국제시장을 사기 게임의 장으로 만들고 있다. 그 형태는 주로 미국과 EU가 전세계를 대상으로 보조금을 대폭 삭감하도록 끊임없이 요구하는 방식으로 진행된다. 그러나 실제로는 미국과 EU가 가장 많은 국내 보조금을 지불하고 있으며, 그들의 요구에 부응하는 저개발국가들만 오히려 피해를 입고 있다.

감축대상 보조금 - '교역을 왜곡시키는' 보조금들

감축대상 보조금Amber box은 농업부문의 국내 보조AMS를 기준으로 산출하며 말 그대로 감축돼야 할 대상이며 철폐 대상은 아니다. 여기에 해당하는 정책으로는 무역흐름을 '왜곡'하거나 생산에 '관련'된(많이 생산하면 많이 받는 등) 보조금 제도가 있으며, 실제로 적용되고 있는 사례로는 미국의 융자부족불제도LDP, EU의 가격개입정책과 같이 가격을 보장하는 '품목 특정' 보조금과 투자 또는 투입에 관한 '품목 불특정' 보조금이 포함되어 있다.

원래 감축대상 보조 삭감 의무는 선진국의 경우 5년간 20퍼센트, 개발도상국의 경우 9년간 13.3퍼센트였다. 하지만 적용 기준이 되는 연도 설정에도 문제가 있는데, 미국과 EU의 보조금 지급액이 유달리 높았던 1986년부터 1988년을 바로 그 기준년도로 삼고 있다.

감축대상 보조 허용량은 선진국의 경우 농업 총생산량의 5퍼센트까지만 유지할 수 있으며 추가적으로는 곡물생산가치의 5퍼센트까지 가능하다. 개발도상국의 경우 각각 10퍼센트를 유지할 수 있다. 최저개발국은 이러한 삭감 의무를 지지 않지만 총보조액이 '최소허용 보조금'을 넘길 수는 없다(선진국의 경우 '특정 상품' 총생산가치의 10퍼센트 또는 '불특정' 농산품 총생산량의 10퍼센트며 개도국의 경우는 각각 5퍼센트에 해당한다).

생산제한 직접지불 – 생산제한을 위한 무제한적인 보조금 지원

생산제한 정책을 운용하는 국가는 금액의 한도 없이 자금을 지원할 수 있다. 대부분의 선진국이 이 제도를 도입하고 있는데 반해 미국은 1996년, 생산제한 프로그램을 금지했다. 문제는 어떤 나라들이 전혀 다른 보조금을 생산제한을 위한 보조금인 양 꾸미려고 하는 데서 불거지기 시작했다.

그 주인공은 바로 미국이었는데, 2004년 7월 미국은 생산제한 직접지불Blue Box 정책의 개정을 시도하면서 생산제한과 관계없는 보조금 지급은 물론이고 '생산과 관련 없는 품목에 대한 직접지불금'까지도 생산제한 직접지불 항목에 포함시키려 했다. G10 회담에서 미국은 강한 질타를 받으면서도 자신의 의지를 관철시켰다. 주요 농업수출국인 미국과 EU가 실질적으로 생산제한을 위해 진정한 노력을 기울인다면 세계 모든 나라들은 열렬히 환영할 것이다.

허용 보조 – 보조금 은폐를 위한 최고의 가림막?

허용 보조Green Box는 미국 국내 보조의 70퍼센트, EU의 25퍼센트를 차지하고 있다. 허용 보조의 대상이 되는 간접 보조 및 지원제도는 이론상으로 무역의 흐름과 유형에 큰 영향을 미치지는 않으므로 무제한적인 지원이 허용되고 있다. 허용 보조에 의거한 정부 지원의 종류는 환경정책, 페스트나 곡물전염병 관리, 인프라 구축, 재해에 대비한 식량 비축, 소득 보장, 긴급 프로그램, 생산수준에 영향이 없는 직접지불제도인 '비연계성 지불'제도 등이다. 하지만 이런 비연계성 지불제도 역시 농민들의 소득을 지원해주는 직접지불제도와 유사한 면이 있다. 이는 선진국의 농산물 가격 폭등을 제어하는 데 큰 도움이 되기 때문에 결과적으로 대규모 생산자에게 주요 혜택이 돌아가게 된다.

미국은 오랜 동안 이와 같은 보조금 지원의 상당 부분을 '은폐'해왔고 EU도 표면상으로는 2003년 6월 공동농업정책을 개정했지만, 미국과 같은 입장이 되어 그 은폐 행위에 동참했다. 이는 케언스 그룹Cairns Group(농산물 수출국 중에서 농산물 수출 보조금을 지급하지 않는 나라들의 모임. 호주, 캐나다, 뉴질랜드, 아르헨티나, 브라질, 우루과이 등 14개국-옮긴이)을 포함한 다른 협상 대상국들을 속임으로써 향후 국내 보조금의 총량을 유지하고자 했기 때문이다.

미국과 EU는 비연계성 지불제도로의 전환을 통해 직접적인 가격 지원이나 수출보조금 정책을 더 이상 유지할 필요가 없어졌다. 여기서 문제는 EU가 국내 가격이 국제 수준까지 떨어지는 것을 허용하는 대신 이에 따르는 자국 농민의 손실을 비연계성 지불금으로 보상한다는 데 있다. 즉 수출경쟁력 확보를 위해 굳이 EU 국내 시장의 가격을 높게 유지시키지 않아도 괜찮게 된 것이고, '덤핑'이 발생한다 하더라도 큰 위협을 느끼지 않기 때문에 WTO에서도 덤핑 문제는 더 이상 이들에 의해 중요하게 취급되지 않는다.

또 다른 유형의 국내 보조

　생산제한 직접지불, 감축대상 보조, 허용 보조의 조합만으로는 국제 농업시장에서 부유한 국가가 가난한 국가에게서 확실한 이득을 얻기에는 뭔가 부족한 구석이 있었다. 따라서 가난한 나라에서는 꿈도 꾸지 못했던 종류의 다른 '지원책들'이 농기업에 제공되었다. 어려운 일이지만 만약에 세 가지 보조에 해당하는 모든 프로그램을 정확하게 산출할 수 있다면, 우리는 추가로 존재하는 다른 종류의 지원도 산출하고 그 값을 기존 자료에 추가할 수 있을 것이다.

　프랑스의 경제학자 자끄 베르뜰로는 기존의 보조 유형(앰버, 블루, 그린박스)을 풍자조로 비꼬며 골드, 브라운, 퍼플, 화이트박스 네 종류의 추가 보조금을 지적했다.[130] 베르뜰로의 분류에 따르면 구체적인 생산비용은 물론이고 미국과 EU 농산물의 국제시장 가격과 실질 총생산 내재 비용을 비교함으로써 덤핑의 실질수준도 측정할 수 있다. 앰버박스, 블루박스, 그린박스 세 종류 외에 베르뜰로의 관점에서 바라본 골드박스, 브라운박스, 퍼플박스, 화이트박스 네 종류의 덤핑을 살펴보도록 하자.

골드박스 - 만능 보조
　부유한 국가로 행세하기 위한 기본적인 덕목으로서 부유한 국가의 농산업은 가난한 국가에 비해 농산품 경쟁력의 기초가 되는 불특정·비농업 보조금 등 모든 종류의 숨겨진 보조금을 통해 이득을 챙긴다. 현실에서는 불특정 농업 보조금에서부터 비농업 일반 보조금까지 모든 분야에 걸쳐 연쇄적으로 지원이 이루어지고 있다. 따라서 농업이라는 특정 분야에 국한한 연구, 교육, 사업 확장, 사회안전망 및 인프라 확충 등의 지원은 물론 일반 분야에 대한 연구, 교육, 사회안전망 및 인프라 구축 등이 포함된다(예를 들어 강한 경제력을 바탕으로 한 계약 강요 등도 여기에 포함될 수 있다).

브라운박스 – 사회적 덤핑

미국, EU, 캐나다 그리고 호주와 같은 '선진' 수출국과 브라질, 중국, 남아프리카 그리고 칠레와 같은 '개발도상' 수출국에 상관없이 주요 농업수출국은 모두 '사회적 덤핑'을 실행한다. 사회적 덤핑은 저비용·대량생산을 위한 비용을 사회에 전가하는 것을 말한다. 농업노동자에게 최저생계비 이하의 임금을 지급하거나 아이들을 밭으로 몰아내어 일하게 하는 등의 방법으로 사회보장을 거부하게 함으로써 전가하는데 토지집중화로 발생하는 수익 등도 포함된다.

퍼플박스 – 환경적 덤핑

미국 농기업들이 석유를 사용하는 데 지불하는 돈은 다른 나라에 비해 3분의 1, 혹은 4분의 1 수준에 머문다. 대신 미국 석유회사들이 주도하는 석유 개발과 석유 확보를 위해 미국이 일으키는 전쟁의 대가로 세계의 자연환경은 엄청나게 파괴되고 있다. 또한 세계 곳곳에서 이루어지는 대규모 농산물 수출기업의 기계화된 시스템 때문에 생산비용에는 포함되지 않는 토양 오염, 수질 오염, 염류화, 농약과 비료로 인한 지하수 오염, 생물다양성 손실 등의 역효과가 발생하고 있다.

화이트박스 – 재정적 덤핑

기축통화 보유국(현재는 미국이지만 가까운 미래에 EU가 미국을 대체할 것으로 예상됨)은 외국에서 돈을 빌리거나 갚을 때 통화가치 절하 등의 불리함 없이 자국의 통화를 사용할 수 있는 특권을 누리므로 자국의 상품에 대한 기본적인 경쟁력을 확보할 수 있다. 이와 함께 대부분의 원자재와 공산품이 달러(미래에는 유로)로 거래되기 때문에 달러의 평가절하 없이도 수입대금을 지급할 수 있다. 반면에 가난한 나라들은 환율 예상이 쉽지 않기 때문에 외화를 끌어들이기 위해 매우 높은 이자율을 유지해야 하는 동시에 자본 유출은 제한해야 하므로 자국 농민이 농산품을 생산하기 위한 투자비용을 비싸게 지불해야 하는 '재정적 덤핑의 역효과'에 괴로워하고 있다.

SPECIAL TOPICS
국가 블록의 종류[131]

Government Negotiating Blocs

전세계에서 수년간 열린 농업교역 협상의 특징은 국가간 크고 작은 블록을 구성하여 협상한다는 점이다. 칸쿤 회담 전에 결성된 주요 블록의 종류에는 가끔 협조하기도 하지만 주로 따로 행동하는 미국과 EU, 케언스 그룹, 동지국가로 불리는 개발도상국 그룹 (중국을 포함한 G77), 그리고 이제는 없어진 비동맹운동의 후계자들이 있다. 그러나 1993년 칸쿤에서 열린 WTO 정상회의에서는 지각변동이 일어나 기존 블록의 영향력은 쇠퇴하고 새로운 동맹이 등장한다.

칸쿤 회담의 결렬은 시민사회와 제3세계 국가들이 기민하게 연합하여 블록을 형성하게 하는 계기가 되었다. 이들은 블록을 형성하여 이제는 너무나 분명해진 미국과 EU의 위선적인 태도를 비판하고 농민운동을 일으켜 거리시위를 주도했다. 협상에 걸린 이해관계를 충분히 파악한다면 국가간 연합과 시민사회, 양쪽의 입장을 모두 이해할 수 있다. 따라서 이번 장에는 대부분 'G 그룹'(G10, G20,

G90 등)으로 명명된 새로운 형태의 국가 블록들에 대해 살펴보도록
하자.

미국과 EU

　미국과 EU는 농업교역과 보조금에 대하여 위선적 미사여구를 사
용하는 것으로 유명하다. 예를 들어 유전자변형이나 호르몬 조절 쇠
고기 같이 민감한 문제를 들먹이며 서로의 시장접근성 강화를 위해
투쟁한다고 하기도 하고, 밀어붙여야 할 필요가 있다고 판단되면 시
애틀, 도하, 칸쿤, 홍콩 무역 정상회담에서처럼 선진국과 제3세계 국
가 간의 격차를 좁히고 이질감을 없애기 위해서는 공통 주제에 합
의가 이루어져야 한다고 주장하기도 한다.

　두 무역 강대국, 특히 미국은 신자유주의 무역이념을 고수한다고
공언한 바 있다. 그러나 정작 자신은 자국시장을 보호하기 위해 높
은 보조금과 관세정책, 위생검역 같은 비관세장벽을 고집하며 '시
장'의 흐름을 방해하면서, 다른 국가에게는 끊임없이 극단적인 무
역자유화와 시장자유화를 강요한다.

　미국과 EU의 지원정책은 대규모의 농장을 소유한 부농과 농기업
에 지나치게 많은 규모의 보조금을 지급하는 모양새로 점차 서로를
닮아가고 있다. 최근에는 저가정책으로 제3세계 시장에 곡물을 헐
값으로 팔아 토착 영세농들이 줄도산하도록 몰아가고 있다. EU는
한 술 더 떠서 공동농업정책이 미국의 농업법 못지않게 유럽 각국
의 소규모 농민에게 피해를 주고 있는데도 농민의 생계와 국토를

보존하는 데 얼마나 큰 역할을 하고 있는지에 대해 자화자찬을 서슴지 않는다.

농업 수출에 관한 한 슈퍼 강대국인 미국과 EU는 오랜 기간 국내 보조 정책을 유지해왔지만 최근에는 제3세계로 진출하기 원하는 미국과 유럽의 대기업(카길, ADM, 몬산토Monsanto, 네슬레Nestlé, 유니레버Unilever, 파마라Parmalat 등)의 요구에 부응하기 위하여 그 지원 내용을 바꾸고 있다. 칸쿤 회담 이전의 미국은 보조금 지원 사실을 허용 보조금 범주에 포함시켜 은폐하는 한편, 이에 대해 쏟아지는 비난을 EU로 돌리기 위해 케언스 그룹을 활용하기도 했다.

미국과 EU는 농산물 교역 대상국들의 시장을 개방하기 위해 주기적으로 양보조건을 내걸기도 했는데, EU의 1993년 공동농업정책 개정이 그 대표적인 예가 될 것이다. 이는 미국의 농업법과 유사한 면을 가지고 있는데 예를 들어, 개정된 공동농업정책에 따르면 EU는 자국 내의 수출 보조금을 '포기'하는 것에 합의했지만 실제로는 이를 허용 보조로 대체하였다. 마찬가지로 미국도 2004년에 '국내 보조금을 20퍼센트 삭감'하기로 합의했다. 하지만 생산제한 직접지불은 확대함으로써 드러나지 않게 보조금을 지불할 수 있도록 만들었다(Special Topics 〈WTO는 어떻게 농업을 지배하는가〉를 보라).

케언스 그룹

칸쿤 회담 전까지 막강한 블록이었던 케언스 그룹은 호주, 아르헨티나, 볼리비아, 브라질, 캐나다, 칠레, 콜롬비아, 코스타리카, 피지, 과테말라, 인도네시아, 말레이시아, 뉴질랜드, 파라과이, 필리핀, 태국, 남아프리카공화국, 우루과이로 구성되어 있었다. 호주가 주도하는 동안 케언스 그룹은 주로 '미국의 뒤치다꺼리'를 해주며 제3세계 국가와 EU를 공격하기에 바빴다.

모든 종류의 공공개입과 보조금을 시장 왜곡기제로 매도하는 한편, 무역자유화는 가격 재조정을 통해 각 국가가 자국의 비교우위 상품의 생산을 극대화할 수 있는 긍정적 효과가 있다고 역설했다. 이들은 시장접근성을 슬로건으로 삼고 극단적인 자유화 입장을 고수한다.

이렇듯 잔인한 자유시장 옹호론은 케언스 그룹의 선진국 회원국들과는 죽이 잘 맞았지만, 실제적인 농업 이익보다 미국의 요청으로 가입한 개도국 회원과의 긴장을 피할 수 없었으며 이러한 갈등은 칸쿤 회담에서 잘 나타났다. 결국 칸쿤 회담 이후 개발도상국 회원국가들 중 인도네시아와 필리핀은 G33에, 대형 농업수출국인 브라질, 칠레, 태국, 아르헨티나, 남아프리카 공화국은 새로운 실세가 되기 위해 G20에 가입했다. 이로써 케언스 그룹은 더 이상 존재하지 않게 되었다.

ACP

아프리카, 카리브 및 태평양 도서국가연합ACP 회원국가는 로메 협정에 따라 EU에 상호특혜적 시장접근 혜택을 부여받은 79개의 아프리카, 카리브 해, 태평양 연안 국가로 구성되어 있다. 그들은

WTO 협상을 통해 지금까지 누려온 관세장벽이 급진적으로 폐지되는 것이나 EU를 통해 누려온 우대조항들이 점진적으로 폐지되는 것에 대해 염려하고 있다.

G10

G10은 농업의 다원적 기능에 동의하는 국가들로 구성되어 있다. 농업의 다원적 기능 개념에 따르면 농업은 단순한 상품생산 그 이상의 의미를 가진다. 농업이 국토 보존, 농민생계와 지역전통 보호, 그리고 식량안보의 문제와 연관되므로 무역협정에 있어서 특별한 대우를 받아야 한다는 것이다.

이 개념은 처음에 EU에 의해 주창되었다. 하지만 이후 EU가 자국 농민을 보호하기 위해 수출 보조금을 지급하여 다른 지역의 농산품보다 가격을 싸게 파는 행위 등으로 위선적인 정책을 펴자 미국과 케언스 그룹이 EU를 제소했고 분쟁이 발생했다(그러나 미국과 케언스 그룹도 위선적이기는 마찬가지라는 주장이 설득력 있다. 미국과 케언스 그룹의 싼 수출품에 피해를 받고 있는 다른 지역의 농민들에게서 받게 될 비난을 면하려는 거짓 울음이라는 것이다).

G10 회원국은 식량 순수입국이자 회원국 대부분이 선진국으로서 불가리아, 대만, 한국, 아이슬란드, 이스라엘, 일본, 리히텐슈타인 공국, 모리셔스, 노르웨이, 스위스로 이루어져 있다. 이들은 다른 문제들에 우선해서 지역의 경제·문화통합을 지지하고 농촌 지역과 양질의 식량을 중요시한다. 또한 이들은 가격변동에도 관심이 많

다. 대규모 식량 수입국인 일본, 한국, 노르웨이에서는 식량안보가 공공재와 같이 여겨지고 있다. 그들은 식량 공급이 국제시장의 변동성 혹은 정치경제적 압력에 휘둘리는 상황은 받아들일 수 없다고 생각한다. 더욱이 한국, 일본과 같이 논농사를 짓는 국가의 경우에는 농업과 환경 간의 문제로 스트레스가 또 하나 가중된다.

G10 국가들은 이러한 사안을 감안할 때, 정부의 외부효과 규제와 공공재 조절 등은 국가 고유의 권한이며 이 같은 정책의 적극적인 추진은 정당한 권리라고 주장한다. G10은 NG5회원국이 다른 나라 몰래 행하는 덤핑 판매에 깊은 우려를 보이고 있다. 왜냐하면 덤핑 등을 통해 각종 협상의 주도권이 대형 농산물 수출국들에게로 넘어가기 때문이다.

 G20

언론매체들은 G20을 칸쿤에서 미국과 EU에 저항해 '궐기'한 그룹으로 소개하고 있다(실제로는 여기에서 다루는 모든 그룹이 미국과 EU에 대해 반기를 들었으며 이 때문에 회담이 결렬되었다). 현재 회원국은 대형 농업 수출국인 브라질, 아르헨티나, 남아프리카공화국, 태국, 칠레, 중국과 향후 대형 수출국이 될 것으로 예상되는 인도 등이 있다.

G20는 인도, 브라질, 중국의 주도로 미국과 EU에게 시장개방을 요구했다. 또 그들은 대형 농업 수출국들과 이해관계가 불분명하지만(하지만 대부분의 회원국에 강한 정치적 영향력을 가진 농산물 수출 엘리트가 있음) 북반구 국가들에 대해서는 강하게 반대하는 것으로 알려진

국가들을 끌어들였다. 여기에 해당하는 국가는 볼리비아, 쿠바, 이집트, 인도, 인도네시아, 멕시코, 나이지리아, 파키스탄, 파라과이, 필리핀, 탄자니아, 베네수엘라, 그리고 짐바브웨다.

G20 역시 소수의 농업 수출 엘리트를 옹호하는 입장이지만 표면상으로는 전세계 인구의 절반을, 전세계 농민의 3분의 2를 대표한다고 자랑스럽게 주장한다. 협상 테이블에서 G20의 주장은 다음과 같이 간단하다. G20 농산품에 대한 북미 시장 개방 확대, 농업수출 보조금 지급 중지, 수출 보조금의 효과와 동일한 국내 보조 철폐. 사실 G20는 자국시장 보호보다 수출시장 개방을 더 높은 우선순위에 두므로 자국 소농민이나 소작농 조합 등의 편이라기보다는 미국과 EU의 입장에 훨씬 가깝다고 볼 수 있다. 바로 이런 사실 때문에 소농민의 국제연대인 비아 캄페시나가 G20와의 절교를 선언하기도 했다.

비아 캄페시나의 폴 니콜슨은 다음과 같이 말하고 있다. "아르헨티나가 EU에 대한 콩 수출량을 늘린다고 해서 아르헨티나의 굶주리는 아이들의 고통이 줄 것으로 기대하는 이는 아무도 없을 것이다. 좀더 정확히 말하자면 부유한 지주가 콩과 농산물을 대량으로 수출할수록 오히려 아르헨티나 소농들의 곤궁과 기아는 늘어나게 될 것이다."

 G33

G33은 특별품목과 특별 세이프가드 메커니즘SP/SSM Alliance을 옹

호하는 국가들의 연대로 알려져 있다. 이들은 WTO의 회원국 중 42개의 개발도상국들로 구성되어 있으며, 회원국은 앤티가바부다, 바베이도스, 벨리즈, 베냉, 보츠와나, 중국, 콩고, 쿠바, 도미니카 공화국, 그레나다, 가이아나, 아이티, 온두라스, 인도, 인도네시아, 코트디부아르, 자메이카, 케냐, 한국, 모리셔스, 몽고, 몬트세라트, 모잠비크, 니카라과, 나이지리아, 파키스탄, 파나마, 필리핀, 페루, 세인트키츠, 세인트루시아, 세인트빈센트 그레나딘, 세네갈, 스리랑카, 수리남, 탄자니아, 트리니다드토바고, 터키, 우간다, 베네수엘라, 잠비아, 짐바브웨가 있다.

G33은 각국의 민감한 식량에 대해 관세 삭감이 필요 없는 특별품목으로 지정할 수 있는 권한을 각국이 가져야 한다고 주장한다. G33은 칸쿤 회담 개최 3년 전부터 농업개발에 대해 관심을 보이기 시작했으며, 농업협정에서는 '개발 보조금development box' 항목을 제안하기도 했다. 논란을 일으켰던 이 문제는 결국 제안서로 작성되어 개발도상국들이 자국민과 식량안보, 그리고 지역개발에 있어 특별히 중요한 특별품목SPs에 한해 추가적으로 관세 조절이 가능하도록 유연성을 부여했으며, 모든 품목의 수입이 급격히 증가할 경우에 특별긴급관세SSM로 대처하도록 했다.

G77

G77은 1964년 제1차 유엔 무역개발협의회 개최 이후 77개의 개발도상국에 의해 창설되었으며, 유엔 안에서 가장 규모가 큰 제3세

계 국가연합이다. 이후 회원국이 132개국으로 늘어났지만 역사적 의미를 고려해서 기존 이름을 그대로 사용하고 있다. G77은 유엔 무역개발협의회의 원자재 교역 규제와 일반적인 의미의 상호자유 무역을 강력히 옹호한다.

G90

G90은 칸쿤 회담을 계기로 결성되었으며 79개의 아프리카, 카리브 및 태평양 도서국가연합ACP, 아프리카연합AU과 최저개발국 LDCs으로 통칭되는 국가들로 구성되어 있다. 물론 중복 가입되어 있는 국가를 고려하면 실제 회원 수는 61개국이므로 'G90'라고 하기에는 무리가 있다.

이들은 G20과 같이 선진국에 대한 시장접근 강화에 관심이 있고, G33과 같이 개발도상국의 일명 '특별품목' 자체 선정권을 옹호하는 한편 관세부과 중지 같은 최저개발국에 대한 무역특혜 의무를 미국, EU와 같은 선진국이 이행하지 않을 경우에 대한 보상을 요구한다. G90은 미국 내 면화 보조금의 삭감을 요구하는 아프리카 국가들을 강력하게 지원하기도 한다. 이 가운데 몇몇 회원국은 자국의 관세 인하를 거절하고 있으며, 그 가운데서도 가장 가난한 국가들 혹은 개발도상국들은 G90 회원국들에게 부여된 우대를 적용하여 어느 정도 수준 이상의 관세를 지속적으로 유지할 것이다.

G120

홍콩에서 출범한 G120은 G20, G33, ACP, 최저개발국 같은 경제적 약소국 연합으로 구성되어 있으며, 회원국 수는 120개국으로 전체 세계인구의 80퍼센트 이상이 여기에 속한다. G120은 일종의 '최소한의 공통입장'을 '조율'하기 위해 결성된 블록이다. 이들은 2010년까지 수출보조 완전 철폐, 시장접근과 특혜대상국에 대한 문제, 북미시장에 대한 최저개발국 수출품의 무관세/면세 대우, 서아프리카의 면화 문제와 같이 최저개발국과 G33 회원국의 구체적인 요구사항이 관철될 수 있도록 노력하고 있다.

NG5

미국, EU를 비롯한 주요 5개국(FIP, Five Interested Parties)으로도 불리는 일명 NG5는 칸쿤 회담 이후 등장했으며 미국, EU, 호주, 브라질, 인도가 그 구성국이다. 이들은 모두 WTO 체제와 자유무역을 옹호하는 국가 및 연합 주도세력들로서 미국과 EU는 선진국을 대표하고, 브라질과 인도는 G20의 개발도상국을, 호주는 이제는 사라진 케언스 그룹의 우두머리 역할을 하고 있다. NG5의 주요 기능은 농업 수출기업의 이익을 위해 전세계의 닫힌 문을 열도록 합의를 이루고, 다른 나라들에게는 의무를 지우는 방법을 연구하는 것이다.

SPECIAL TOPICS

유럽과 미국 소농민의 입장
제네바에서 개최된
WTO 농업협상에 대해서

Where European and American Family Farmers Stand

이 글은 유럽농민연합CPE과 미국 전국가족농연합회NFFC [132]의 공동성명 내용이다.

최근 WTO가 시도하고 있는 농업문제에 대한 합의는 중지되었어야 했다. 제네바에서 열린 WTO 일반이사회는 절대 받아들일 수 없는 농업정책에 대한 회의였다. 우리는 새로운 EU의 농업정책을 제안한다. 우리는 새로운 미국의 농업법을 제안한다. 우리는 식량주권과 지속가능한 농업개발에 입각한 새로운 국제무역규칙을 제안한다!

EU와 미국은 1994년 우루과이라운드 이후로 계속해온 다른 WTO 회원국에 대한 사기행각을 즉각 멈춰야 한다. 그들이 겉으로 주장하는 수출 보조금의 중지 조치는 국내가격을 '세계 수준'으로 급격히 떨어지게 해서 미국과 EU가 자신의 농산품을 헐값에 판매할 수 있게 하고, 이는 결국 전세계 농민에 피해를 입히는 결과를 초래할 뿐이다. 이런 상황에서 과연 누가 EU와 미국을 믿을 수 있을까?

지금까지 미국과 EU를 지탱해주었던 대규모 직접지불제도는 허용 보조 또는 생산제한 직접지불로 그 이름만 바뀌었을 뿐 실제 속성은 그대로 유지해왔다. 미국과 EU, 다국적기업은 겉만 바뀐 그들의 속내를 숨기고 싶어 했지만 끝까지 숨기지는 못했다. 즉 이러한 제도의 진짜 목적은 저가의 상품을 사서 이익을 취하려는 데 있는 것이었다.

다국적기업은 저렴하게 구입한 상품으로 소비자들에게 혜택을 준다고 주장한다. 하지만 실제로 보면 그들의 수익은 한없이 치솟는 반면, 지역 식량제도는 무너지고 영양결핍 인구는 늘어나고 있는 사실을 볼 때 이들의 주장이 거짓임을 쉽게 알 수 있다. 이들의 주장 가운데 하나는 세계 각국의 농민들과 마찬가지로 미국과 EU 농민들도 이득을 본다는 것이다. 그러나 미국 내에서도 소규모 농민들이 망하고, 기계화 가축생산 시스템의 도입이 증가하며 자국 내 농촌인구가 줄어드는 현상을 지켜볼 때 이런 주장 역시 거짓임이 명백하다.

수출 보조, 공적 보조, 그리고 납세자 세금의 실제 용도

미국과 EU는 단순히 보조금 정책의 이름만 바꿈으로써 현재의 보조금 정책을 정당화하고 그것을 계속 유지하려고 한다. 그들은 수출 보조금을 삭감하면 선진국과 개발도상국 간의 균형을 이룰 수 있을 것이라는 환상을 심어준다. 하지만 실상은 그렇지 않다. 그들이 내세우는 보조금 정책의 원칙은 무역을 왜곡하는 국내 보조를 삭감하는 것이다. 하지만 불행하게도 이 원칙은 세계의 농업분야에서 사회·환경 정의를 이루기 위한 국가 개입의 중요성을 평가절하하려는 G20와 케언스 그룹의 잘못된 노력에 불과하다.

물론 생산비용 이하로 생산·수출가격을 낮추려 하지 않는다는 것을 전제하면, 농업에 대한 공적지원은 선진국, 후진국 모두에서 합법적이다. 그러나 이 전제야말로 현실에서 미국과 EU가 직접지불제도를 시행하려는 이유 가운데 하나이며, 이들은 모든 내수·수출품목의 생산가격을 극단적으로 낮은 '세계 수준'으로까지 낮추도록 지원한다.

시장접근성의 실체

개발도상국의 소농민들에게 '시장접근성'은 환상에 불과하다. 2001년 5월, 비아 캄페시나와 로파ROPPA(서아프리카 농민조직연합—옮긴이)가 공동성명에서 발표한 바에 따르면 '최저개발국 농민에게 첫 번째 우선순위는 가족들을 먹여 살리기 위해 생산하는 것이고, 그 다음으로 자국시장 진출, 그리고 수출은 가장 나중 일이다.' 국제 상품가격과 선진국의 발달된 기술 그리고 다국적기업과의 독점적인 시장결탁으로 인해 개발도상국 대다수의 소농민은 어떤 종류의 혜택도 받지 못할 것이다. 이런 것은 광의의 발전이나 민주적 참여의 결과물과는 아무런 상관이 없다.

수출주도형 시장접근 정책의 실제 수혜자는 누구인가

첫 번째 수혜자는 손에 꼽을 만큼 적은 수의 기업 엘리트, 기술 보유와 정치적인 관계를 이용해 시장에 접근해서 이득을 챙기는 소수의 개발도상국 독재정권이다. 그들은 개발도상국이 다국적 은행에게 진 과도한 부채를 상환해주는 세계은행과 구조조정프로그램의 지원을 받는다. 이러한 수출지향 농업은 소수의 특권계층에만 혜택을 주며 시간이 지날수록 발전보다는 쇠퇴로 치닫는 데 기여하게 된다.

두 번째 수혜자는 산업화 공정과 유통망에 의존해서 낮은 투입비용과 새로운 시장을 확보할 수 있는 다국적기업이다. 이들로 인해 세계 각국의 지역시장과 기존의 농업문화는 상당 부분 파괴되고 있다. 다국적기업들은 생산기지를 미국에서 멕시코로, EU에서 남아공, 아프리카 등 다른 저개발국가로 옮겨 싼값에 노동과 토지를 사용한다.

이런 상태가 계속될 경우 미국과 EU 내의 소농민은 물론이고 전 세계에 퍼져 있는 지속가능한 소농업은 쇠퇴할 것이다. 싼 곡물 사료와 단백질 사료는 이미 많은 소농민을 파산으로 내몰았으며, 그 자리를 다국적기업이 경영하는 잔인하고도 환경오염의 주범인 가축공장이 대신 차지했다.

점점 더 많은 농민과 개발도상국이 유럽농민연합, 미국 전국가족농연합회와 연계하여 그 세력을 확장하고 있으며, 그들은 WTO의 주도로 진행되는 사회·문화·환경파괴 행위와 '무역자유화'에 대해 더 이상은 '안 돼!'라고 목소리를 높이고 있다. 각종 농민단체 등은 자신들의 정부에 가하는 미국과 유럽, WTO의 과도한 압력,

즉 과도한 정치경제적 압력을 즉각 철회하라고 요구하며, 이에 굴복할 때 야기될 농촌 붕괴와 도심 과열, 실업에 심각한 우려를 표하고 있다.

유럽농민연합과 미국가족농연합회는 미국과 EU가 현재 추진하고 있는 농업·무역정책의 전면적 철폐를 요구한다. 국제농업무역 규칙은 식량주권에 근거해야 하며, 이는 모든 형태의 덤핑을 배재하고, 모든 국가가 자국의 여건에 적합한 식량정책과 농업정책을 개발할 수 있도록 허용해야 한다. WTO의 일방적인 규칙과 더불어 미국과 EU의 요구가 모두 수용된다면 비용으로는 '환산할 수 없는' 문화·환경·사회적 변질을 야기하고 말 것이다. 국제무역으로 거래되는 농산품은 세계 농업 생산량의 10퍼센트에 불과하다. 이 또한 특정 국가와 특정 기업에 한정되어 있는데 그들의 이익을 위해 전세계의 규칙이 정해지고 있다. 이렇게 WTO가 부과하는 농업정책은 현재와 미래 후손들을 위해 전인류가 만들어나가야 할 민주적이고 평화적인 세계조차도 위협하고 있는 것이다.

2004년 5월 유럽농민연합과 미국 전국가족농연합회는 비아 캄페시나, 로파 그리고 기타 동맹들과 함께 식량주권 개념에 부합하도록 유럽공동농업정책의 개정을 촉구하는 국제적 캠페인을 시작했다. 미국농업법도 식량주권 개념을 도입하여 국내외의 지속가능한 발전을 의식하여 소규모 농장들의 공존이 가능한 방향으로 개정되어야만 할 것이다.

유럽농민연합과 미국 전국가족농연합회는 EU와 미국이 식량주권과 지속가능한 소규모 농업정신에 근거해서 새로운 공동 농업정책과 농업법을 개정할 때 필요한 내용을 다음과 같이 제시한다.

- 농민들이 정부의 보조금 지급을 수입으로 의존하게 하기보다 생산비용에 관련한 보상으로 가격제도를 도입한다.
- 국제·국내·지역 수준의 공급관리 프로그램 제공. 여기에는 가격 보조와 공급관리 메커니즘을 위협하는 값싼 수입품을 제외하는 방안이 포함된다.
- 모든 유형의 수출 보조금 또는 수출품 생산을 장려하는 모든 형태의 지원을 금지한다.
- 농업여건이 불리한 지역에서 농업생산을 계속할 수 있도록 하고, 사회적·환경적으로 지속가능한 발전을 가능케 하며, 건실한 생산기법을 발전시키고, 지역 상품의 가공과 판매를 촉진하는 공적지원 시스템을 제공한다.
- 농촌을 황폐화하는 대형 축산공장의 생산집중화를 중지하고 집중도를 분산시킬 수 있는 구조적 조치를 마련한다.
- 청년농민에게 농업 진입의 우선권을 부여할 수 있는 방안을 강구한다.

SPECIAL TOPICS

소농 및 가족농 연합의 입장
농업 관련 논의의 전면 재검토와 식량주권 정책 추진이 시급하다

Where Peasant and Family Farm Organizations Stand

이 글은 비아 캄페시나[133]의 선언문 중에서 발췌했다.

　우리는 모든 정책 당국자들이 '신자유주의 모델'에서 벗어나 사회정의 구현과 상호보완의 협력관계 구축을 위한 대안을 모색하도록 촉구한다.

　칸쿤에서 열린 WTO 회담의 결렬은 '신자유주의 정신'으로 꽉 막혀 있는 국가들의 실패라고 평가할 수 있다. 무역정책 담당자는 다국적기업과 같은 엘리트의 이해관계에 맞춰 정책을 추진했다. 그들은 진짜 문제가 무엇인지 파악하지 못했으며 그 해결책을 제시하는 능력은 문제파악 능력보다 훨씬 더 떨어졌다. 오로지 그들이 신경 쓰는 것이 있었다면 무역증대, 시장점유율 확대, 사유화 확장, 그리고 더 많은 이윤축적과 수익창출뿐이었다. 농업분야에 있어서 그들은 수출이 가져다주는 수익에만 관심을 가졌다. 지역·국내생산, 판매에 의존하는 세계 인구의 절반을 넘는 수많은 소농의 존재를 생각한다면 이들의 행태는 수치스러운 것이다.

비아 캄페시나는 우리 농민들이 이번 논의만큼은 개입해야 한다고 믿는다. 우리는 현존하는 문제를 명확하게 정의하고, 문제를 정의하는 것보다 더욱더 절실하게 필요한 해결책을 도출해야 한다. 또 우리는 이 문제에 더 많은 책임이 있는 정부와 국제기구의 담당자들을 이번 논의에 포함시켜야 한다. 이는 우리의 바람이기도 하지만 이들이야말로 현실에서 직면하는 도전에 더욱더 민감한 자들이기 때문이다. 또 충돌의 진정한 원인은 국가 간의 충돌이 아니라 생산방식을 둘러싼 욕심의 차이에서 일어난다.

북반구에 집중되어 있는 선진국들이 다국적기업의 이해를 옹호하는 치사한 행태를 보여왔기 때문에 칸쿤에서의 충돌은 '남-북' 문제로 묘사되었다. 우리는 남반구에 걸쳐 있는 많은 개발도상국이 미국과 EU, 기타 산업화 국가에 보인 저항을 환영한다. 그럼에도 불구하고 농업문제로 인한 국가간 대립, 그 이면에 있는 진짜 충돌은 식량에 관한 지속가능한 소농생산 모델과 산업화 모델 간의 충돌이다. 전자는 남북의 소농들이 요구하며, 후자는 수출 주도의 다국적기업, 미국과 EU, 기타 산업화 국가 그리고 남반구의 개발도상국에 있는 특정 농산업 엘리트들이 포함된다.

우리는 남북 국가들과의 대화가 시작되기를 희망한다. 우리는 산업-수출 모델이 야기하는 피해를 막을 수 있는 구체적인 조치와 지속가능한 소농생산을 강화할 수 있는 단계적 방안을 다음과 같이 제시한다.

첫 번째 방안, 무역보다는 식량주권과 생산에 관한 문제를 논의
의 중심에 두어야 한다.

필요한 만큼 식량을 제공할 수 있는 농업 생산량을 보장하기 위
해서는, 환경을 존중하고 농민들에게 삶의 존엄성을 부여할 수 있
어야 한다. 이를 위한 정부의 활발한 개입은 필수불가결한 사항이
며, 정부는 다음의 내용을 보장해야 한다.

- 소작농과 소규모 농민의 생산수단으로의 접근 보장(토지, 종
  자, 물, 대출)
- 생산비용을 보상할 수 있는 수준으로 국내가격을 안정시키기
  위한 수입 규제
- 과잉생산을 예방하는 생산통제 정책(공급관리 정책)
- 공급통제 및 커피나 면화와 같은 소농생산 수출품에 대해 공
  정가격을 보장하는 국제상품합의
- 소농의 생산력과 판매 발전을 위한 공적지원
- 지역 소농이 손쉽게 접근할 수 있는 국내 시장조직

이와 같은 방향으로 나아가기 위한 구체적인 조치를 위해 우리는
국내 · 국제적 수준의 대안을 서둘러 발굴해내야 한다. 우리는 식량
농업기구, 무역개발협의회, 국제노동기구와 같은 유엔 산하기관이
주도권을 가지고 WTO를 대체할 만한 대안책을 개발할 것을 촉구
한다. 이 대안은 대부분의 농촌 지역의 특징이라고 할 수 있는 가난
과 주변화의 문제를 해결할 수 있도록 국제 농업정책을 재수립해야
한다.

저가 수입품은 재난과도 같다. 따라서 식량주권을 사수하기 위해서는 반드시 덤핑을 금지해야 한다.

낮은 가격의 농산품 수입은 전세계 농업경제를 쓰러뜨린다. 칸쿤회담 전에 WTO는 미국과 EU의 명령으로 새 덤핑 관행을 비준한 바 있다. 이로 인해 EU에서는 수출 보조금 때문에 세계시장 수준보다 높게 형성된 국내가격이, 새 덤핑 관행을 비준한 후에는 낮아진 대신 비연계성 직접 보조금으로 부족분을 메우고 있다. 이런 지급제도는 대규모 생산자와 유통업자에게는 오히려 더 유리한 지원책이다. 미국에서도 비슷한 제도가 도입되었으며 덤핑은 더욱 기승을 부리게 되었고 농기업들은 큰 이득을 보았다. 이런 지원정책은 소농업계에 대한 공적자금 지원을 추진하는 데 부정적인 영향을 미쳤으며, 농업보조 전반에 대해 신뢰를 떨어뜨렸다.

과잉생산물을 덤핑한다고 해서 '더 자유화'되는 것은 아니다.

직간접 수출 보조금 철폐보다 더 중요한 것은 공급통제 정책이다. 효과적인 공급관리는 정부를 통해서만 가능하며 공급관리가 제대로 이루어질 때에만 과잉농산물에 의한 덤핑을 막을 수 있다. 더불어 덤핑 판매를 하지 않고도 생산비용을 회수할 수 있는 가격을 형성할 수 있으며, 농민들에게는 공적자금도 지원할 수 있다. 몇몇 특정 산업국들이 덤핑을 하는 이유를 더 많은 자유화와 더 많은 시장접근을 원하기 때문이라고 할 수 없다. 왜냐하면 그들의 목적은 결코 농민의 권익 보호에는 있지 않기 때문이다! 공급통제 없는 덤핑의 논리는 선진국, 후진국을 불문하고 오로지 대규모 농기업 혹은 다국적기업에게만 이득을 가져다주며, 소농민을 파멸로 내몬다.

우리는 과잉생산 국가들이 생산을 제한하고, 과잉생산으로 인한 덤핑 문제를 방지할 수 있도록 공급관리를 도입할 것을 요구한다.

미국과 유럽은 국내시장에 맞추어 지속가능한 소농생산의 발전이 가능하도록 공적지원제도를 수립해야 한다. 수입국은 자국의 생산을 보호하기 위해 수입을 중지할 권리와 농업분야에 투자할 수 있는 권리를 가져야 한다.

'공정한' 경쟁에 입각한 '자유'무역은 환상에 불과하다. 농업시장에는 강력한 국가개입이 필요하다.

신자유주의를 따르는 자들은 규제, 국가개입, 보조금 지원이 없는 농업시장이어야만 비교우위의 원리가 최적의 상황에서 적용될 수 있으며 모두가 이익을 누릴 수 있다고 말한다. 즉 자율규제가 가능하다는 것이다. 그러나 농업시장은 본래 특성상 국가개입이 없이는 사회적으로 제 기능을 할 수가 없다. 농업정책 조치를 하나하나씩 없애면서 국가개입을 막는 방법은 농업분야를 망하게 하는 전략에 불과하다. 셀 수 없이 많은 소농민들이 이로 인해 아무런 대책 없이 생업에서 쫓겨나게 되었다. 지역과 국가는 식량생산 능력을 박탈당했다. 결국 돈 있는 자들만 식량을 사먹을 수 있게 된 것이다. 재앙과도 같은 이 시나리오에는 지역다양성, 식량생산, 소농의 노하우, 농축산업 생명다양성 등의 막대한 손실도 포함되어 있다.

농촌의 여성과 소농은 세계 인구의 절반을 차지한다. 우리는 삶의 존엄성을 누릴 권리가 있다. 우리는 우리 영토에서, 우리의 힘으로 식량을 생산할 권리가 있다. 우리는 우리 땅에서 살 수 있는 권리가 있다.

식량주권 정책은 이를 가능케 한다. 지속가능한 소농생산은 농촌 지역에 더 나은 삶의 질을 보장하고, 환경파괴를 방지하며, 국가 발전에 기여하는 중요한 경제적 에너지를 창출하는 원천이다.

한국의 동지들이여, 이경해 씨는 식량주권 사수를 위해 칸쿤에서 죽음을 택했다. 우리는 그의 죽음이 헛되지 않게 되기를 소망한다.

WTO는 농민들을 죽이고 있다!
식량주권 사수의 길을 선택하자!
WTO는 농업분야에서 물러나라!

비아 캄페시나 국제조정위원회
2003년 11월 11일 온두라스의 테구치갈파에서

SPECIAL TOPICS

가족농업법
미국 전국가족농연합회의
2007년 농장법 제안서[134]

Food from Family Farms Act

이 제안서는 소농을 위한 공정가격과 건강하고 안전한 식량, 그리고 역동적이고 환경적으로 건실한 농촌공동체를 보장하기 위해 소농민들이 직접 작성한 것이다.

 우리에게 가족농업법이 필요한 이유

식량과 농업, 무역정책은 국제적으로 지속가능한 식량 생산과 적정가격의 식량을 공급하는 데에 그 목표를 두어야 한다. 이 문제에 있어서 소농 시스템은 식량의 질과 안전성, 생산의 다양성, 평등한 사회경제적 기회, 그리고 영토, 물, 생물다양성의 보존에 있어서 가장 효율적인 수단이 될 수 있다.

그러나 현실을 바라보면 모든 소농들은 경제적으로 어려움을 겪고 있으며 우리나라를 포함한 전세계의 농민들은 수출시장을 위해서만 생산하도록 강요당하고 있다. 또한 시카고나 뉴욕의 상품선물시장에서 형성되는 세계시장 가격으로는 생산비용을 회수하기에는 턱없이 부족하며 생계유지를 위한 최소한의 비용을 생각한다면 더더욱 모자라다. 게다가 이런 낮은 상품가격은 환경파괴나 농촌경제의 기회상실, 지역공동체 파괴를 포함한 외부효과 비용에 대해서는 전혀 고려하지 않은 비용이다. 국제 식량구조는 배고픈 자들을 먹여 살리는 데 실패했고, 건강한 식량생활 증진에도 실패했으며, 전염병과 화학오염 같은 식량안전의 위험요소를 줄이는 데도 실패했다.

NAFTA와 같은 이른바 자유무역협정과 WTO는 미국의 국내 농업정책을 무력하게 함으로써 우리의 식량주권을 짓밟았다. 최저가격제도(또는 가격지원), 식량안보비축, 특별지정구역 보존(유휴농 제도)과 같은 제도의 부족으로 농민을 위한 공정가격은 보장될 수 없었다. 보조금으로 쓰인 연간 수십억 달러의 세금은 미국과 몇몇 선진국 농민 가운데 극히 일부의 손해를 막아주었지만 개발도상국의 농촌과 대부분의 세계 농민문화를 철저히 황폐화시켰다. 전 세계적으로 발생한 과밀도시와 국경지역으로의 탈농촌 이민의 후유증은 상상할 수 없을 만큼 끔찍한 고통을 초래하고 있다.

현재 시스템은 전세계의 가장 싼 농산물을 구입하고 가공해서 정직한 경쟁이 결여된 독점시장에 내다파는 대형 수출·가공·소매업과 같은 다국적기업의 배를 불리기에도 부족하다. 값싼 곡물사료와 기름추출 작물은 대규모로 생산되는 가축사료의 주재료다. 가축기업과 낙농업체는 곡물을 싸게 들여옴으로써 윤작으로 농사를 짓고 동물의 배설물을 퇴비로 재활용하는 여러 소농민에 대해 비교우위를 선점하고 그들에게 피해를 준다.

노동집약적인 과일·채소생산 라인은 이제 하루에 4달러만 주고도 부려먹을 수 있는, 노동자의 권리는 거의 없는 나라로 옮겨가고 있다. 이로 인해 미국 농업 노동자들은 실업과 저임금 문제에 직면 하게 됐다. 소농민, 농장 노동자, 식품가공 노동자들은 우리 삶의 가 장 기본적인 필수품을 생산하는 사람들이다. 그들은 기업의 이익을 위한 착취의 대상이 아니라 인간으로서 존엄을 존중받고 정의가 지 켜지고 평등하게 대우받을 권리가 있다.

공정한 가격으로 농산품을 판매함으로써 농장의 수입을 회복시 키는 것이 새로운 농업 프로그램의 최우선 과제가 되어야 할 것이 다. 무역협정도 마찬가지로 국가의 식량주권을 존중하고, 식량주권 을 위한 정책에 있어서 국가가 그들 고유의 필요와 전통에 입각해 서 프로그램을 세우도록 해야 하며, 경제 기회의 지역적인 분배를 보장해야 한다.

미국 전국가족농연합회는 지속가능한 농업·식량 시스템을 만들 기 위한 새로운 농업정책 제안서를 작성했다. 우리가 제안하는 가 족농업법은 환경문제를 개선하고, 미주대륙의 농촌 지역에 새로운 경제기회를 창출하며, 아름다운 우리의 지구에서 더불어 살고 있는 모든 나라들에게 영감을 줄 것이다.

가족농업법의 조항들이 기존 농업정책과 다른 점은 우선 모든 식 량주권에 원칙을 두고 있고, 무역 상대방에게도 호의적이며, 균형 잡힌 지속가능한 경제발전의 기회까지 제공한다는 점이다.

가족농업법은 실제 생산비용이 반영된 가격을 보장하는 가격보 장제, 식량안보비축, 완전한 경작 융통성을 부여하는 특별지정구역 보존 등의 문제를 다룬다. 가족농업법은 보호보장 프로그램CSP의 완전한 이행을 통한 변혁을 장려하며, 희귀곡물 경작지나 다양한 소규모 농업, 생태에너지, 지역 식량생산에 적합한 농사기법을 도입하는 경작지에 대해서는 인센티브를 부여한다. 균형 잡힌 소농 시스템에서는 화석연료를 덜 소비하며 농민들은 무공해 재생에너지를 생산할 수 있도록 돕는다.

가족농업법과 관련하여 미국 전국가족농연합회는 미국 정부가, 증가하고 있는 생산·가공·마케팅·소매업의 수직적 통합현상과 기업집중도를 막는 반독점법을 집행하도록 촉구한다. 유통·포장회사를 이용해서 대규모 가축농장을 소유하는 등의 방법으로 진행되는 독점적인 지배는 금지되어야 한다. 왜냐하면 이 방법은 그들이 초과생산을 하도록 부추기며 시장을 교란시키는 힘을 줌으로써 소농과 축산인에게 피해를 입히기 때문이다. 마찬가지로 이들 다국적기업은 자국의 건강·환경규제를 피해 해외로 진출하기 때문에 모든 식량에 원산지표시제를 도입할 필요가 있다.

미국 농무부는 예전부터 제기되어왔던 시민권 관련 제소에 대해 즉각 대응하고, 모든 농민들이 농업 및 주택 프로그램의 공평한 혜택을 받을 수 있도록 관련법을 시행해야 한다. 계약농은 공평한 중재를 받을 권리와 계약의 투명성, 그리고 현재 묵살되고 있는 다른 모든 농민으로서의 권리를 보장받아야 한다. 농무부는 새로운 지역 농산물 시장을 활성화시키고 정부 산하기관을 통해 자립형 소농민의 생산품을 구입해주어야 한다. 그뿐 아니라 미국의 이민 농업 노동자들이 겪는 어려움도 농무부의 농업·노동·무역정책에 적절히 반영되어야 한다.

정부는 국제교역 방식을 협조체제로 바꾸어서 국제상품의 최저 가격 보장제도를 긴급히 설정해야 하며, 설정된 보장제도는 모든 농민들과 국제식량안보비축, 생태에너지 생산, 생태보존을 촉진하는 특별지정구역 프로그램 등의 사안에 모두 공정하게 이행해야 한다. 또한 미 의회는 국민들이 식량제도의 경제, 환경, 사회적 지속가능성을 요구하는 만큼 가족농업법을 제정함으로써 국민들의 필요를 채워주어야 한다.

가족농업법 개요

식량주권

무역 및 농업정책은 모든 국가들이 자국의 식량안보, 천연자원 보존, 경제기회 분배에 대한 필요와 전통에 입각해서 정책을 수립할 수 있는 권리를 존중해야 한다. 미국 농민의 번영이 다른 나라 소농민들의 수고의 대가로 이뤄지는 것이어서는 안 된다. 미국은 최저가격제를 도입하고 국제 비축량과 공급관리 책임을 공평하게 분배하는 것을 목표로 하는 국제 상품협정을 주도적으로 추진해야 하고, 이로써 궁극적으로는 파괴적인 덤핑 관행을 철폐해야 한다.

우리나라의 농민과 소비자들의 요구에 부합하는 농업 프로그램을 발전시킬 수 있는 역량은 농업조정에관한시행령Agricultural Adjustment Act Section 제22조와 같은 조항의 채택을 통해서만 가능하다. 제22조는 우리나라 농민의 보호를 위한 조처로서 국내시장가격 형평성에 문제가 발생할 여지가 있을 경우 특정 상품에 대해 수입규제를 허용한다.

시장가격 지원정책

가족농업법을 준수하는 농민은 상품신용공사(Commodity Credit Corporation, CCC: 미국 정부가 소유하고 운영하는 기관으로 농가소득과 가격의 안정, 지원, 보호를 위해 1933년 설립된 미국 농무부 산하기관-옮긴이)의 농산물 담보대출을 통한 시장가격 지원을 받을 수 있게 되며, 그 대상 곡물은 밀, 사료용 곡물, 콩, 유지종자, 면화, 쌀 등이다. 이자율은 미 농무부의 경제연구처(ERS, Economic Reserarch Service)의 산출치와 평균 운송·저장비용을 근거로 산출한 개별곡물 생산비용을 적절히 반영한 수준에서 결정된다. 낙농가의 유제품 가격도 이와 비슷한 산출법을 적용한다.

농산물 담보대출은 대출자가 더 이상 낮아질 수 없는 농산물 가격에 부합하는 금액의 대출을 받되, 그에 대한 최소한의 대출이자만 갚으면 되도록 함으로써 최저가보장제도의 성격을 지닌다. 만약 대출자가 이자를 내지 않을 경우 곡물은 압류되어 정부 비축분에 포함된다. 이 제도는 융자부족불제도(LDP, Loan Deficiency Payment)와 유통융자수익Marketing Loan Gains에 의해 이자율 아래로 가격이 떨어지는 것을 허용한 1996년의 농업법과 2002년 농업법의 유통융자를 대체하는 획기적인 방안이다.

대출원금은 시장 상황이 확실한 경우에는 언제나 이자와 함께 변제할 수 있다. 9개월의 대출 기간이 끝나는 시점에서 생산자는 몇 가지 경우를 선택할 수 있는데, 융자를 상환하거나 상품신용공사의 식량안보 비축으로 압류를 허용할 수 있다. 압류를 허용할 경우 농가보유제도를 추가적으로 기대할 수 있으며 이때 대출 최대한도는 농가당 45만 달러가 된다.

융자부족불제도나 유통융자수익은 이제 더 이상 필요하지 않게 되었다. 농가보유제도의 저장비용을 상업융자의 연이자로 산출하여 선지불하기 때문이다. 농민은 생산품의 품질유지를 위해 농가보유제도에 농산품을 저장하는 시기를 생산 시기에 맞춰 주기적으로 할 수 있도록 허용되었다. 앞으로는 농가에서 운영하는 저장시설 확충을 위한 저이자 융자 프로그램이 도입될 예정이다.

비축에 관한 문제—식량안보, 인도주의, 에너지, 그리고 농가보유제도의 관점에서

가격 보조와 비축제도가 없는 상황에서는 풍년이 든다 하더라도 과잉생산이 발생하여 농산품 가격이 낮아지게 되고, 농민들에게 경제적 고통을 불러일으키는 경제적 재앙이 된다. 따라서 가족농업법은 식량과 에너지, 국가안보 강화를 위해 다양한 비축제도를 도입할 것을 제안한다.

농산물 담보대출금을 상환하지 못해서 국가가 압류한 곡물의 가장 중요한 용도는 전략비축용이며 전체 평균 사용규모의 7.5퍼센트 정도를 차지한다. 비축량 중 절반은 긴급인도구호에 사용되며 절반은 현재 규모가 커지고 있는 재생연료용으로 쓰인다(특별한 상황이 발생한 경우 관계부처 장관은 전략비축용으로 시중 재고량을 구매할 수 있다). 초과 압류량에 대해서는 연간 사용량의 최소 10퍼센트로 정해져 있는 식량안보 비축치를 채우는 데 사용된다.

관련부처 장관은 전국 농산물 평균가격이 30일 연속으로 대출이자의 150퍼센트가 넘는 경우 식량안보 비축분을 시장에 풀도록 결정한다. 식량안보 비축 재고량이 기준치인 연간 사용량의 10퍼센트

173

를 넘겼을 경우 관련부처 장관은 농가보유제도의 시행을 발표하고, 농산물 담보대출의 만기인 9개월을 초과하여 만기연장을 허용하며, 이자 발생을 중지하고, 상품신용공사로부터 시장금리 비율로 저장 비용을 충당한다. 최소치인 10퍼센트를 초과하는 시장안보 비축분에 대해서는 관련 장관이 전략비축분을 보충하는 데 사용하도록 즉시 명령할 수 있다. 만약 수요대비 시장재고율이 낮아져서 전국평균 시장가격이 대출이자의 130퍼센트 이상으로 30일 연속 지속될 경우 농가보유제도의 추가대출에 대한 저장비용 지급은 중지된다.

재고관리와 환경보전에 관한 협력정책

비용 분담이나 재해 구호와 같은 가족농업법의 다른 혜택과 함께 가격보조 대출 프로그램의 대상이 되기 위해서 농민들은 현재 시행되고 있는 환경보전을 위한 협력정책Conservation Compliance을 준수해야 한다. 국가의 식량안보는 장기적인 식량생산성이 담보될 때만 보장될 수 있기 때문에 관련부처는 불필요한 과잉생산을 방지하는 단기 특별지정구역 보전 프로그램을 만들고 생산과 수요의 균형을 맞춰야 한다. 관련부처 장관은 예상 수요에 맞게 목표 생산량을 수립하고, 목표량에 맞추어 재배량을 조절하기 위한 특정 곡물 생산 목표치를 설정해야 한다. 여기에는 전략 및 식량안보 비축분에 필요한 공급량도 당연히 포함되어 있다.

농민들은 곡물생산 목표치를 초과하여 농사를 짓지 못하는 대신, 이에 따라 발생하는 유휴지에 대해서는 지방 토양보전청이 승인한 토양보전 프로그램에 참가할 수 있다. 프로그램의 요구사항을 충족시켰을 경우, 생산·운영자는 이 조항을 근거로 하여 기본 경지면적에 한해서 혼합 경작률을 스스로 결정하는 등의 보완적 혜택을 누릴 수 있다.

기본 경지면적 한도 내에서의 완전한 경작 자율성

해당 곡물에 대한 보전율에 따라 유휴지를 운영할 경우 농민은 총 기본 경지면적에 대해 경작 자율성을 가진다. 총 기본 경지면적은 '경작가능 면적'으로도 정의할 수 있으며, 이는 과거에 경작했고 앞으로 적어도 세 가지에서 다섯 가지 작물의 경작을 고려하고 있는 토지를 말한다.

재해구호 프로그램

국가는 소규모 농업보존의 중요성을 인식해야 하며 따라서 농민에게 자연재해가 닥쳤을 때 효과적으로 대응할 수 있어야 한다. 생산비용에 대해 가격 보조를 제공함으로써 증가한 농가수입은 경제적 재앙에서 가장 중요하게 보호되어야 한다. 현재 시행되고 있는 곡물보험은 자연재해에 대한 대책으로 충분하지도 않은 데다 토지의 변화를 가속시키며, 농장합병을 주도하기만 하는 반면 가족농업법의 재해구호 프로그램은 이러한 폐해들을 방지할 수 있다. 이 프로그램에서는 자격이 되는 모든 농민들에게 재해구호 지원을 해준다.

자연재해가 발생해도 예상 수확량의 25퍼센트 이하의 피해에 대해서는 보조금을 지급하지 않는다. 재해로 인한 생산량이 예상 수확량의 50~75퍼센트일 경우 소득의 75퍼센트 수준까지, 대출액의 60퍼센트까지 보조금을 지급하고 이때 최대지원 한도는 6만 7500달러가 된다(자금지원 또는 10퍼센트의 최소전략 비축분을 넘는 잉여재고물량을 활용해서 곡물 지원을 해준다). 피해 규모가 30퍼센트 이상일 경우 6만 7500달러가 넘지 않는 한도에서 융자액의 75퍼센트를 보상해준다. 70퍼센트가 넘는 피해가 발생했을 경우 융자액을 전액 보상하며 이때 최대지원 한도액은 9만 달러다. 90퍼센트 이상 피해가 발생했을 경우에는 전량 손해로 인정하며 이때 생산자는 남아 있는 모든 곡물에 대해서도 목적에 상관없이 재해보조 혜택을 받을 수 있다. 재해구호 프로그램에서 설정한 범위 이상의 민간보험 보상 범위에 대해서는 농민이 비용을 부담하지만 재해구호 프로그램의 기준을 맞출 필요는 없다. 민간 보험혜택을 받는다고 해도 정부의 재해구호 프로그램의 모든 혜택을 받을 수 있다.

보장보호 프로그램

지속가능성은 농업개혁 원칙의 기본이 되어야 하며, 농업개혁은 다양한 생산방식과 오늘날 산업농업의 특징인 편중·집약적인 생산방식의 차이를 인식하는 데서 시작한다. 가축공장은 모든 가축생산 과정에서 비용이 드는 반면, 소농업에서는 훨씬 자연친화적인 윤작기법과 동물 배설물의 퇴비 활용 등으로 더 경제적이다. 우리의 목표인 지속가능성과 소규모 농업의 다양화를 이루기 위해서, 가족농업법은 보장보호 프로그램의 전면적인 도입과 다양한 소농업과 지역의 생산방식에 합당한 농업관행을 도입하고, 희귀곡물 경작지에 대해 인센티브를 부여할 것을 촉구한다.

목표 설정

농민보호법은 현재 우리나라 농장들이 걷고 있는 산업화, 통합화의 흐름을 바꾸어놓고자 한다. 가격 보조와 재고관리를 통해 공정가격을 설정함으로써 소농민들이 가격에 대한 내성을 기르고, 환경·농촌 사회의 내실을 강화하는 것은 필수적인 조치다. 이를 위해서 가족농업법을 통해 받을 수 있는 몇몇 혜택에는 한계를 설정하거나 수혜 대상을 정한 조항들도 있다. 예를 들어, 농산물 담보대출의 최대한도는 매년 45만 달러다. 재해구호 프로그램에서도 보조금의 한도를 정함으로써 보조금을 원래 용도가 아닌 사업 확장에 이용하는 것을 방지했다. 마찬가지로 환경개선장려계획EQIP과 보장보호 프로그램과 같은 보호 프로그램은 대기업보다는 소농민을 목표로 제정된 지원 프로그램이다.

농장의 직접소유와 경영을 지원하는 대출 증대

농장을 소유한 소농민에게는 생산능력을 유지해야 하는 책임과 후손들에게 생태다양성을 보존하여 전달해야 하는 책임감이 부여된다. 이제 막 농사를 시작한 초보 농민과 가족 단위의 소규모 농민에게는 연방 및 정부 주도 프로그램 등으로 적합한 대출을 해줌으로써 농업을 장려하는 것은 필수적인 요소다. 또한 미 농무부가 역사적으로 행해왔던 소수 농민에 대한 차별도 사라져야 한다.

적법하고 지속가능하며 보완적인 공동농업정책
유럽농민연합 성명서

For a Legitimate, Sustainable and Supportive CAP

 공동농업정책[135]을 개정해야 하는 이유

2003년 9월에 개최된 WTO 칸쿤 회담의 결렬은 EU가 공동농업 정책CAP의 개정을 추진하는 데 혼란의 원인이 되었다. 공동농업정 책은 국제적인 신뢰와 적법성을 회복해야 한다.

칸쿤 회담이 열리기 전인 2003년 6월 26일, 유럽이사회European Commission는 공동농업정책 개정 결정을 밀어붙이면서 제3세계 국가 들이 미국과 EU의 공동 '사기'행각을 더 이상 참을 수 없어서 행사한 거부권을 다시 한 번 명백하게 무시했다. 이 사기행각은 1990년대에 시작된 것으로 세계시장에 대한 수출을 늘이려는 의도를 가지고 국내 농산품 가격을 세계수준으로 낮추고 이를 직접지불제도와 연 동하고자 한 것이었다. 이들은 한편 '허용 보조GreenBox'라는 새로 운 제도를 만듦으로써 그 속에 숨겨진 더러운 의도를 '세탁'하고자 했다.

미국과 EU의 농산품은 직접지불제도를 통해 어마어마하게 낮은 가격으로 수출되었는데, 이는 생산비용보다 낮은 가격이었다. EU가 말하는 이른바 '세계시장에서의 경쟁력 강화'란 기존의 수출 직접 지원제도(이 제도는 EU의 농산물 가격이 낮아지면서 사라지게 되었다)를 '허용 보조'라는 이름의 직접지불제도로 교묘히 바꾼 것에 불과했으며, 이 허용 보조는 부유한 국가에서만 가능한 제도였다.

EU는 모든 종류의 농업 공적지원을 하나의 일관된 정책으로 통일시키기 위한 국제적인 논의를 주도해야 하는 막대한 책임이 있다. 그렇기에 더더욱 그런 정책이야말로 철폐되어야 하는 것이다. 저가수출에 사용되지 않는다면 농업에 대한 공적지원은 지속가능한 소농업이 모든 곳에서 이루어질 수 있게 하므로 적법할 수도 있다. 그러나 저가수출을 위한 지원이야말로 현재 시행되고 있는 공동농업정책의 핵심이다. 생산비용 아래로 농산물을 팔면서 건실한 경제를 유지한다는 것은 있을 수 없는 일이다.

사실상 현재 통용되는 국제무역규칙과 공동농업정책으로 혜택을 보는 것은 대형 농식품업체들이다. 그들은 유럽에서 싸게 물건을 들여올 수 있으며, 프랑스 가금업체 포트리 닥스와 같이 아시아 각국의 보조금 혜택을 얻으면서 저가 농산물의 수입량을 늘리고 있다. 이렇게 힘 있는 경제 주체들이 EU 시장을 떠나 유럽 바깥으로 농업생산 라인을 재배치하고 있다. 일례로 가축사료는 1962년 이래로 세관·관세 없이 수입되었다. 가축사료의 대량수입은 고기와 곡물의 과잉생산을 야기한 주원인이었는데, 당시 유럽은 이런 잉여생산물에 대해 수출할 방책도 딱히 없는 상태였다.

2003년 유럽이사회는 환경·동물 복지를 위한 공동농업정책 개혁안을 발표한다. 그러나 가축사료의 대량수입을 기반으로 한 가금류, 돼지, 쇠고기, 우유 등의 집약적 산업화 생산은 줄어들지 않았다. 그리고 지난 10년 동안 실제 가금류 생산량과 직접보조액이 따로 놀면서 그 바탕에 있는 잠재적 문제들은 제대로 파악조차 못하고 있었다. 최저가 생산을 한다고 해서 유럽이 원하는 농업의 다원적 기능을 보장해줄 수 있는 것은 아니다. 우리가 농업의 다원적 기능을 보장받고 싶다면 여러 가지 악영향을 주고 있는 집중생산방식이 바뀌어야 한다.

공동농업정책은 유럽 납세자들의 시각을 통해 적법성을 인정받아야 한다. 그러므로 특정 분야, 특정 지역의 대형농장에만 우호적으로 공적자금을 불공평하게 배분하는 것은 있을 수 없는 일이다. 그런데도 2003년의 개혁안은 여전히 불공정성을 그대로 유지하고 있다.

따라서 공동농업정책은 재검토되어야 한다. 그렇다고 단순히 1962년 당시의 정책으로 돌아갈 수는 없다. 당시에는 아무런 제한도 없이 농산물 가격지원 제공, 수출 보조금 제공, 가축사료에 대한 공동지원, 과잉생산을 야기한 공급관리의 부재, 과도하게 집약적인 농장, 생산 집중화 그리고 제3세계 국가로의(로부터) 덤핑 판매가 이루어졌기 때문이다.

오늘날 EU는 이런 자가당착의 모습, 즉 말과 행동이 따로 노는 행태를 멈춰야 한다. 대중이 원하는 농업의 다원적 기능과 세계시장을 훼손하지 않는 지속가능한 소농업을 발전시켜야 한다. 이것이야말로 대중이 원하는 바이며 유럽 농업의 생존이 걸려 있는 문제다.

제안서

우리의 제안은 몇 가지 중요한 원칙과 개념에 입각한 것이다.

- EU는 지속가능한 소규모 농업을 유지함으로써 식량공급(식량안보) 보장은 물론, 농업의 사회적·다기능적 역할 등 많은 혜택을 볼 수 있다. 현재의 흐름은 바뀌어야 한다. 적은 수의 기업에 생산을 집중시키는 대신 중소농민으로 구성된 구조를 유지해야 한다.
- 각 나라와 국제연합은 국제시장에 방해가 되지 않는 한 고유의 농장 및 식량정책을 수립할 수 있는 권리가 있다. 우리는 이것을 식량주권이라고 부른다.
- 덤핑과 같이 생산비용 아래로 팔 수 있도록 돕는 제도는 어떤 모양이든 직간접 수출 보조이기 때문에 금지되어야 한다.
- 공동농업정책의 우선순위는 국내시장의 필요에 부합해야 하며, 더 이상 수출을 통한 이득을 최우선순위로 삼는 것은 허용하지 않는다.
- 농업의 장기적인 생존력을 위해서 농민의 수입은 기본적으로 그들이 직접 생산한 농산품에서 발생되어야 한다. 다시 말하면 공정한 농산품 가격이 수입의 가장 중요한 요소가 되어야 한다.
- 사회적으로 강력한 합법성을 가지는 농업 공적지원이 되기 위해서는 공적지원이 농장, 산업분야, 국가별로 공정하게 분배되어야 한다. 또한 생산기법은 지속가능한 것이어야 한다.

국제시장에 해가 되지 않는 소농업 지원정책-
농산품 가격, 수입, 무역

EU는 축산품, 낙농품, 곡물에 대해서 실질적인 수출여건이나 생산능력이 부족한 상태다. 따라서 국내 농산품 가격에 압력을 가하면서 추진했던 수출주도 정책을 포기할 수밖에 없었다. 이후 국내시장의 생산능력을 최우선순위로 삼고 모든 수출 보조금을 폐지하는 한편 국내시장에 대한 공급관리를 시작했다.

만약 유럽에서 농업생산을 유지하고자 한다면, 유럽에 있는 농민들은 보호를 받아야만 한다. 이러한 이유로 국내시장을 보호해온 유럽의 농산품 생산가격은 다른 어떤 나라보다 높았고 시장은 저가 수입정책을 통해서라도 보호받아야 했다. 이런 현상은 EU가 저가 수출정책을 중단하자마자 국제적인 수준으로 합법화될 것이다. EU는 가축사료를 포함한 유럽 시장의 모든 농산품의 기준가격으로 통할 수 있는 선호(공동체적 가치에 기반해야 함)의 기준을 세워야 한다. 공동체 선호는 생산조건의 지속가능성을 보여주는 유럽의 평균 생산비용[136]과 연계되어야 할 뿐 아니라 주기적으로 점검해야 한다.

만약 유럽인들과 납세자들이 비선호 지역을 포함한 모든 지역의 농민을 보호하고, 농민 스스로 직접 생산할 수 있도록 돕고자 한다면 생산비용이 공동체선호제도가 정한 수준보다 높아질 때 각각의 환경에 따라 그 차액만큼을 직접지불제도로 지원해줄 수 있어야 한다. 그 다음에는 가격보완과 직접지불제도를 통한 지원이 가능하며, 이때는 농가당 1회만 지급하고 지급액은 농산품의 종류와 농장 노동자 수 등을 고려하여 최고지급액을 책정한다.

요약하자면, 유럽의 시장가격은 생산비용과 연관되어 있기 때문에, 농업생산에 관련된 수입은 첫 번째로 농산품을 판매함으로써 생겨야 한다는 것이다. 이를 위해 지역마다 차별화된 직접지불제도를 추가적으로 운영할 수도 있다. 유럽 시장이 공정한 농산품 가격을 지속시키기 위해서는 공급관리를 필수적으로 병행해야 함은 말할 것도 없다.

지속가능한 생산기법을 제공하는 공급관리제도의 도입

지속가능성과 생산관리의 목적은 공통적인 부분이 많다. 과집적 생산에 소요되는 사회적 외부효과비용을 고려하면 농장의 과집적도를 낮춰야 할 필요가 있다. 그렇게 되기 위해서는 중소농장에 자금지원이 시행되는 이행기간이 있어야 한다. 다음은 이러한 조치를 이행하기 위한 세부 사항이다(아래 목록은 정당한 목적의 예시 목록이다).

- 최대 가축 생산량은 농장의 사료량과 연계되어야 하며, 이는 산업식으로 길러지는 가축 생산에 대한 적극적 제재를 통해서만 가능하다.
- 엄격한 질소 사용량 지침을 적용하고 계속 발전시켜야 한다.
- 항생물질을 사용하는 사료를 금지한다.
- 발육촉진제 사용을 금지한다.
- 농장에 외부투입 행위를 줄이는 것과 윤작을 장려한다. 또 북유럽에는 옥수수 종자와 콩류 식물을 혼합재배함으로써 옥수수 경작지를 목초지로 전환할 것을 장려한다.
- 지하수를 오염시키지 않기 위해 건조한 지역과 관개농업이 절대적으로 필요한 곡물에 한해서 관개농업을 지원한다.
- 배수시설에 대한 공적지원을 중지한다.

- 엄격한 환경기준을 준수하고 생명다양성을 보존하는 농장을 지원한다.
- 동물복지를 존중하는 동물 생산기준을 시행한다.
- 가축농장이 식물성 단백질을 생산할 수 있는 단기 특별지원 프로그램을 운영한다.
- 지속가능한 가족농업에 대해 교육하고 연구 지도한다.

이처럼 집적도를 완화하는 조치와 가축사료에 대해 적용되는 공동체선호 조치는 현재 가축생산과 곡물생산의 구조적 잉여를 해결할 것이다. 그러나 지속가능한 농업을 달성하기 위해서는 기후요소의 영향 등과 같이 특별한 상황에 따른 잉여 상태를 고려해야 하며, 보통과는 다른 보완조치가 요구된다. 예를 들어 최소구매가격 설정 같은 조치가 포함된다.

지역의 농산품 관련 인프라와 지역시장에 우호적인 정책 마련

농업지도보증기금EAGGF과 구조조정기금은 도살장의 집중화나 대형 수출업자를 위한 고속도로, 항만 같은 인프라를 지원하는 대신 지역시장을 지원해주어야 하고, 수출상품을 홍보하는 대신 농장에 판매활로를 열어주며, 소규모 식품가공 시설을 지원해주어야 한다.

농산물의 질과 안전

- 식품생산과 가공, 수입에서 유전자변형생물GMOs을 포괄적으로 금지한다.

- 가축사료에 사용되는 허가받은 재료는 사용성분 리스트에 등록되어 있어야 하며, 모든 성분과 원산지를 표시해야 한다.
- 식품의 살균제, 다이옥신, 중금속, 항균제 등과 같은 독성물질 함유와 배출은 엄격한 방식으로 검사해야 하며, 두 가지 경우 모두 장기적으로는 금지해야 한다.
- 원재료 생산회사와 가공회사 모두는 공정 중에 사람, 동물, 환경에 미치는 결과에 대해 법적·금전적인 책임을 져야 한다.
- 품질 기준은 농산업의 이익보다는 소비자의 이익에 우선순위를 두고 재개정되어야 한다.

농촌의 삶 보장

유럽 당국이 농촌에 정착하기 시작한 젊은 농민들을 지원해주는 적극적인 정책이 없다면 유럽의 농촌인구는 계속 감소할 것이다. 따라서 다음의 사안이 시급히 요구된다.

- 생산권과 할당량 매매 행위를 금지한다.
- 일부 국가에서 행해지는 대대로 이어지는 농장 재구매 행위를 금지한다.
- 최소보조구역보다는 투자금액 상한제를 적용한다. '우리는 농사를 짓고 싶다!'

소수의 대형농장에 몰려 있는 토지집중도를 제한하기 위해서는 농부로 살아가기 원하는 사람들과 소규모 농장에게 우선적으로 토지를 분배하는 정책을 도입해야 한다. 현재 특정 지역에 과도하게 집중된 농업생산을 완화시키려면 지역별로 자연적 또는 문화적인 특성을 살린 생산이 가능하도록 하는 토지재사용 정책을 추진해야 한다. 조건이 좋지 않은 토지에서 돼지나 양을 사육하는 것이 좋은 예다.

덤핑 없는 국제시장

식량주권은 덤핑 없이 국가와 연합이 자신만의 농업과 식량정책을 결정할 수 있는 권리다.
                                                              − 비아 캄페시나

세계 각 지역들은 무역을 하기 위한 각 지역만의 특산물을 생산하는데, 이때 공정한 규칙이 필요하다. 경제적(생산가격보다 싸게 수출하는 경우), 사회적 또는 환경적 덤핑이 있어서는 안 된다. 더 이상 싸게 수출하는 것에 우선순위를 두어서는 안 되며 지역 식량생산에 초점을 맞추어야 한다. 문제는 전세계 농업의 현실과 무역협상과의 격차를 줄이는 것이며, 무역협상이 현재처럼 각국의 농업정책을 결정해서는 안 된다.

앞서 언급한 정책을 통해 EU는 협상관계, 동맹관계를 구축하는 데 있어 우위를 차지할 것이다. 왜냐하면 EU가 먼저 직간접 수출 보조금을 폐지했기 때문이다. EU는 공동체선호를 정당화하고 모든 국가나 블록이 지나치게 낮은 가격의 수입품으로부터 자신을 보호하는 권리를 인정할 만한 여건을 갖출 수 있다.

WTO는 농업이나 건강, 교육, 물, 에너지 등 각 국가의 공공정책에 이래라저래라 명령해서는 안 된다. 무역규칙은 세계인권선언 Universal Declaration of Human Rights과 사회와 환경에 대한 국제협약에 종속되어 있다. 유엔 무역개발회의는 유엔 식량농업기구와 함께 농업의 무역규칙을 담당할 수 있도록 현재의 낮아진 위상에서 벗어나야 한다. 또한 무역분쟁 해결을 위한 독립적 국제사법기관이 창설되어야 한다.

시급히 추진되어야 하는 정책들

1. 농민지원 직접보조금은 더 공평하게 배분되어야 한다. 직접보조금 제도를 만들었을 때 내세웠던 역사적인 근거는 납세자 입장에서 볼 때 전혀 타당성이 없고 적법하지도 못하다. 왜냐하면 납세자들은 이 제도를 통해 자신들의 세금이 대형 농축산업체를 주로 지원하는 데 사용하는 것을 동의하지 않았기 때문이다. 농장, 생산자, 국가 모두를 고려한 공적지원의 균형을 다시 맞춰야 하며, 주로 중소농민이 농촌에서 삶을 지속할 수 있도록 지원하는 데에 초점을 맞춰야 한다. 따라서 농장 노동자 수를 고려한 농장별 직접보조금 상한제는 필수적이다.

2. 생산권, 직접보조금 수령권 매매를 제한해야 한다. 이는 투기를 조장하며 농민으로 살아가고자 하는 사람들을 궁지에 몰아넣는다.

3. 종자에 대한 제로 유전자 변형식물 오염비율제를 도입해야 한다. 그렇지 않으면 유전자변형 식물의 확산을 막을 수 없다.

4. 유전자변형 식물 재배와 유통을 제재하기 위한 제도를 도입한다.

5. EU 낙농분야 쿼터 제한폭의 인상을 금지한다. EU는 이미 이 분야에서 흑자를 보고 있다.

6. 위기상황이 발생할 경우, 농산업과 대량판매를 보장하기 위한 최소구매가격제를 도입한다.

SPECIAL TOPICS

식량주권 선언문[137]
비아 캄페시나와 식량주권
네트워크의 공동성명

People's Food Sovereignty Statement

안전하고 건강한 식량의 충분한 공급과 생산의 측면에서, 그리고 건전한 공동체·문화·환경적 측면에서 식량과 농업은 모든 사람들에게 가장 기본적인 것이다. 하지만 이 모든 것이 미국과 EU 같은 정치경제적 강대국과 WTO, IMF, 세계은행과 같은 국제기구가 주도하고 있는 신자유주의 정치경제 사상으로 훼손되고 있다. 이들은 전세계 인구를 위해 식량을 보호하지는 않고 수출 주도 생산에 우선순위를 둔 시스템을 주도하며 국제적인 기근과 영양결핍 현상을 악화시켰다. 또한 토지, 물, 물고기, 종자, 기술, 노하우 등의 생산성 있는 자산과 자연자원을 소외시켰다. 이런 국제체제에 대한 근본적인 변화가 시급하게 요구된다.

식량주권은 기본적인 권리다

전세계 인구의 식량주권과 독립성을 보장하기 위해서는 다원화와 공동체 중심의 식량생산 시스템을 도입해야 한다. 식량주권은 인간이 자신의 식량생산과 농업활동을 결정할 수 있는 권리를 말하는데, 여기에는 국내에서 생산되는 농산품을 보호하고 규제할 수 있는 권리, 지속가능한 발전을 위한 교역의 권리, 자급자족 여부를 결정할 수 있는 권리, 자국시장에서 덤핑 판매를 제한할 수 있는 권리, 어업공동체가 수산물 자원을 우선적으로 이용할 수 있는 권리 등이 포함된다. 식량주권은 그 자체로 무역에 나쁜 영향을 주지 않는다. 오히려 올바른 무역정책 수립을 장려하고, 안전하고 건강하며 환경적으로 지속가능한 생산을 영위할 수 있는 권리를 보장하는 데 일조한다.

정부는 모든 사람들에게 식량주권과 식량안보권을 보장하고, 산업화나 수출주도 생산 혹은 고도로 집중화된 농업이 아닌 소농 중심의 생산과 지속가능한 생산을 장려하는 정책을 도입해야 한다. 이와 같은 요구는 다음과 같은 정책을 수용하여 반영시켜야 한다.

시장정책

- 모든 농어민의 수지타산이 맞도록 적합한 가격을 보장한다.
- 저가수입에서 국내시장을 보호할 권리를 시행한다.
- 과잉생산 방지를 위해 국내시장의 생산을 통제한다.
- 모든 종류의 직간접 수출 보조금을 폐지한다.

- 지속불가능한 농업, 불공평한 토지 소유와 환경파괴, 어업활동을 부추기는 국내 생산 보조금의 단계적 폐지, 지속가능한 농어업 활동을 포함한 종합 농업개혁 프로그램을 지원한다.

식량안전성 및 품질성과 환경의 문제

- 식량안전을 보장하는 동시에 페스트나 전염병의 확산을 적절히 방지한다.
- 쓰레기 매립, 연안 및 근해에서의 채굴 행위, 상하천의 오염, 해로운 항생물질과 호르몬을 사용하는 양식활동 등 육지와 해상에서 발생하는 위협에서 어자원을 보호한다.
- 방사선 투과 등으로 식품영양소를 파괴하거나 유해물질을 발생시키는 위험한 기술의 사용을 금지한다.
- 사람들의 기호와 요구에 부합한 식품안전성지표를 수립한다.
- 높은 환경적·사회적·건강안전성 기준을 따를 수 있도록 모든 식품에 대한 품질관리제도를 수립한다.
- 식품검역을 민간기업에 맡기지 않고, 적합하고 독립적인 정부기관이 시행하도록 보장한다.

생산자원에 대한 접근

- 사전에 법적 권리로 명시되어 있지 않더라도 지역적·전통적인 자원의 사용에 대해 지역공동체가 결정할 수 있는 법적·관습적 권리를 인정하고 관련 법규를 시행한다.
- 토지, 종자, 물, 신용대출, 다른 생산자원에 대해 공평한 접근

을 보장한다.

- 수자원에 의존하는 공동체에게 공공재산권을 부여하고 이러한 공공재산을 사유화하기 위해 추진되는 제도를 거부한다.
- 모든 종류의 생명 관련 특허나 그 구성요소를 금지하고 지적재산권 제도를 통한 식량, 농업 관련 지식의 전용도 금지한다.
- 농민, 토착민, 지역공동체에 식물유전자 자원에 대한 권리와 종자교환, 재생산 등 관련 지식에 대한 권리를 보호한다.

생산과 소비

- 생산, 가공 및 식품소매업의 발전에 근거를 두고 지방의 식품 경제를 발전시켜야 한다.

유전자변형생물GMOs

- 유전자변형 종자·식품·가축사료와 관련 제품의 교역과 생산을 금지한다.
- 유전자변형 식품을 식량 원조용으로 사용하는 행위를 금지한다.
- 몬산토, 신젠타Syngenta, 아벤티스/바이어Aventis/Bayer와 듀폰 같은 농기업이 유전자변형 곡물을 농업·환경분야에 도입하려는 행위를 적발하고 여기에 적극적으로 반대한다.
- 지역 고유의 기법과 지속가능한 농업에 근거한 대안농업과 유기농업을 장려한다.

정보의 투명성과 기업의 책임

- 소비자와 농민에게는 원산지 정보를 알 권리가 있고, 이를 위해 식품 및 사료 관련 제품에 분명하고 정확한 원산지 표기를 제공한다.
- 모든 기업이 투명성과 책임감을 가지며 인권과 환경기준을 준수하도록 영향력 있는 규제를 도입한다.
- 식량·농수산 분야에 대한 산업독점을 금지하는 반독점법을 제정한다.
- 기업이 환경과 민사에 관한 국내법, 국제법, 합의를 위반했을 때 기업체와 경영자에게 법적 책임을 지운다.

내수면 및 바다양식에 의존하는 근해 공동체에 대한 특별 보호

- 새우양식 확산과 홍수림 파괴를 금지한다.
- 지방의 어업공동체에게 수산자원권을 보장한다.
- 불법·무허가 어업을 막기 위한 법적 구속력이 있는 국제조약에 대해 협의한다.
- 유엔의 어족자원보존관리협약Fish Stocks Agreement과 같은 국제 해상협약, 조약을 효율적으로 이행한다.
- 지역 고유의 지식과 문화, 경험에 근거를 둔 공평하고 지속가능한 공동체 중심의 자연자원 사용관리를 통해 근해 공동체의 빈곤을 근절하고 식량안보를 보장한다.

무역협정은 식량주권을 보장해야 한다

　국제무역이 지역과 국가발전, 사회·환경·문화적 가치보다 우선
시되어서는 안 된다. 안전하고 건강하며 양질의 식량과 문화적으로
국가, 지역, 지역시장에 적합한 생산활동을 보장할 것에 대한 가치
가 우선되어야 한다. 현재 무역자유화의 흐름을 보면 강력한 초국
적기업과 시장의 강자들이 무엇을 생산할지, 어떻게 생산할지, 그
리고 어떻게 교역하고 판매할 것인지까지 결정하고 있으므로 앞서
말한 무역의 핵심목표를 이루기 힘든 상황이다.

신자유주의 농업 및 식량정책은 더 이상 'NO!'

　쌍무 및 다자간 FTA와 IMF, 세계은행, WTO와 같은 국제기구를
통해 추진됐던 농산품 교역의 '자유화' 서약에 서명했던 나라들은
이제 그 '자유화'를 비난하고 있다. 우리는 특별히 국내생산에 심각
한 피해를 입고 있는 제3세계 국가들을 비롯한 모든 시장에 대한 덤
핑 판매를 규탄한다. 우리는 WTO를 비롯한 국제기구들이 모든 수
자원권을 국제컨소시엄에 팔고자 하는 시도를 규탄한다.
　신자유주의는 특정 농업생산을 특화시키는 이른바 '비교우위'를
가진 후 교역에 나설 것을 강요하지만 수출주도 지향의 생산은 국
내생산 비용을 낮춰, 한 번 잃어버린 비교우위를 다시 찾을 수 없는
환경 속에서 살고 있다. 특히 대형 초국적기업들이 생산수단과 방

법을 통제하는 상황에서는 더더욱 그렇다. 어업분야에서도 같은 일이 일어나고 있다. 어업공동체들은 자신들의 권리인 어장접근권을 빼앗기고 있는데, 그 이유는 그들의 접근권이 페스카노바와 같은 거대 기업에게 넘어갔기 때문이다. 이런 초국적기업의 생산량은 전 세계 생산량과 상업어업의 대부분을 차지한다.

부유한 국가들은 수출을 주도하기 위해 엄청난 규모로 농어업 생산 보조금을 지급하고 있으며, 보조금의 대부분은 대형 업체들에게로 돌아간다. 납세자가 낸 돈의 대부분은 지속가능한 방법으로 국내시장을 위해 대부분의 식량을 생산하는 중소 규모의 소농민에게 돌아가기보다 대형 농어업 생산업체, 무역업체, 소매업체들에게로 전해져서 지속가능성에 적신호를 보내고 있다.

이와 같은 수출주도 정책은 상품가격이 실제 생산가격보다 낮게 책정되는 결과를 가져와 덤핑을 부추기게 되고 초국적기업이 상품을 싸게 구매할 기회를 제공한다. 그러나 소비자들에게는 엄청나게 비싼 가격으로 되판다. 부유한 국가의 주요 농어업 보조금의 대부분은 이런 농기업, 무역업자, 소매업자와 소수의 대형 생산자들에게 돌아간다. 이와 같은 정책과 관행의 역효과는 날이 갈수록 분명해지고 있다. 소형 가족농과 어업공동체들은 사라지고, 빈곤은 증대되며(특별히 농촌 지역), 토양과 물은 오염되고, 생태다양성은 사라지고 있으며, 자연서식지는 파괴되고 있다.

🌸 덤핑

덤핑은 생산품을 생산가격보다 낮은 가격으로 판매할 때 일어나며, 보조금과 시장에 대한 독점적인 통제 같은 구조적인 왜곡현상을 일으킨다. 산업농업 생산이 불러오는 토양과 수질의 양분고갈과 오염 같은 외부효과에 직접적인 원인이 되고 있는 현재의 경제정책은 그 무능함 때문에 덤핑을 더욱 부추기고 있다. 신자유주의 정책 아래에서의 덤핑은 무역에서 북(반구)-남(반구), 남-북, 남-남, 북-북 형태로 이뤄진다. 형태에 상관없이 덤핑은 자국과 상대국의 소규모 생산자들을 망하게 한다. 예를 들면 다음과 같다.

- EU의 보조금 지원을 받은 낙농제품을 수입한 인도의 지역, 소농업계는 타격을 받았다.
- 카리브해에서 미국산 산업용 돼지고기를 수입함으로써 이 지역의 양돈업자들이 파산했다.
- 아이보리코스트가 수입한 유럽산 돼지고기는 유럽에서 보조금 지원을 받았기 때문에 판매가격이 아이보리코스트의 생산가에 비해 세 배나 싸다.
- 인도가 자국 생산가보다 훨씬 싼 중국 비단실을 수입하면서 남인도의 수십만 농민들이 심각한 타격을 받았다.
- 옥수수 원산지인 멕시코는 싼 미국산 옥수수를 수입함으로써 자국 생산자들을 파산케 했으며, 캐나다의 채소 생산자들은 저렴한 멕시코산 수입 채소 때문에 파산했다.

덤핑은 중지되어야 한다. 국가는 자국시장을 덤핑에서 보호하고, 지역 생산자에게 피해를 주는 다른 유형의 무역에서 지켜야 한다. 수출국은 자국의 잉여생산물을 국제시장에 덤핑으로 판매해서는 안 되며, 자국 생산에 피해를 주지 않고 지역경제를 강화하는 지원책으로 농산품의 실제 수요를 맞춰야 한다.

농산물에 관한 한 '세계시장'이란 존재하지 않는다

농산물에 있어서 이른바 '세계시장'이란 존재하지 않는다. 그들의 세계시장이란 미국과 EU 그리고 케언스 그룹의 회원국이 주도하는 유제품, 곡식과 육류 잉여량에 대한 덤핑 물량을 국제적으로 사고파는 장소에 불과하다. 국가간 무역협상의 이면에는 몬산토(다국적 농생명공학기업), 카길과 같은 초국적기업이 존재한다. 이들이야말로 국내 보조금과 지원, 국제무역협상과 무역체제라는 대중을 향한 속임수의 진짜 수혜자인 것이다. 현재 국제농업무역에서 거래되는 농산품은 세계 총생산량의 10퍼센트에 달하며, 대부분 미국, EU, 소수의 산업국가들과 초국적기업 사이에서의 거래에서 나온다. 이른바 '세계시장가격'은 극단적으로 불안정하고 생산비용과 아무 상관이 없을 뿐 아니라 덤핑으로 인해 매우 낮게 형성된다. 따라서 농산품 생산에 있어서 바람직한 기준이 될 수 없다.

WTO의 오랜 친척—세계은행과 IMF

세계은행과 IMF는 WTO의 오랜 친척으로 WTO 체제가 개발도상국의 국내시장을 지배할 수 있도록 도와주는 오른팔 역할을 한다. 이들은 이미 농업 자생력 약화, 국내 자급자족 역량 붕괴, 기근 발생, 식량주권 훼손을 불러일으키는 데 중요한 역할을 했다. 이들의 구조조정프로그램(지금은 빈곤감축 프로그램)은 개발도상국가에 빈곤을 야기하는 상황을 가져왔다. 이 정책을 통해 가장 심각한 타격을 받은 이들은 생존을 위해 이들의 농업분야와 자연환경분야의 구조조정을 신뢰했던 국가들이었다.

역효과를 증명하는 많은 사례가 있는데도, 이 두 기관은 국내 농업시스템의 '세계 통합'과 '시장접근성'이야말로 빈곤을 해결할 최선의 방법이라는 믿음을 버리지 않았다. 개발도상국들은 두 기관의 권고를 받고 자국 농업분야에 개혁을 단행했다. 개혁을 통해 농업보조금 철폐, 가격 및 유통규제 철폐, 농업지원과 공공재 서비스의 민영화, 해외 농산품에 대한 개방 확대, 그리고 국제 농업교역을 방해하는 모든 장애물 제거를 단행했다. 그러나 세계은행과 IMF는 그들이 개발도상국을 밀어붙였던 것처럼 OECD 회원국들에게는 똑같이 할 수 없었다. 결과적으로 이 둘의 정책은 선진국과 개발도상국 간의 불균형을 가져왔으며 생산과 분배에 있어서 식민지적 구조를 만들어내고 말았다.

사유화, 자유화, 규제철폐는 세계은행과 IMF가 발전을 얘기할 때마다 내세우는 것이며, 자금대출 프로그램 시행을 위한 중요한 조건이다. 많은 농민단체와 학계의 격렬한 비판에도 불구하고 세계은 행은 '시장을 지원하는 토지개혁' 지원을 계속하고 있으며, 농촌개 발 전략의 핵심으로써 기능주의에 입각한 '토지유통시장'을 만들었 다. 이들의 정책은 지금까지 자족을 원칙으로 공동체 중심과 자급 자족 시스템을 운영하던 기존 구조를 기업 주도의 시장의존적인 생 산 및 분배구조로 바꾸어놓았다.

먹기 위해 생산했던 곡물은 다른 나라에 내다 팔기 위한 것으로 바뀌었고, 공동체는 식량안보 문제에 있어 아무 목소리도 낼 수 없 이 그저 외부시장에 의존하도록 강요당했다. 게다가 수출용 곡물 생산을 강요함으로써 점차 유해하고 비싼 화학물질에 의존하게 되 었으며, 화학물질의 사용은 토양, 수질, 대기, 생태다양성, 사람과 동물의 건강까지 위협했다. 반면에 대형 농업업체와 화학회사에게 는 큰 수익을 안겨주었다.

농업의 상업화로 인해 소규모 농민의 농토와 자산은 대형 농기업 과 무역업체의 손에 넘어가게 되었으며, 농민들은 살던 땅에서도 쫓거나 비농업분야에서 일거리를 찾거나 농업 기업에서 계약직으 로 일하는 신세로 전락했다. 투입비는 늘어나는 반면 최종 생산품 의 가격은 떨어져서 대부분의 개발도상국 농민들은 빚에 쪼들려 살 고 있다. 대부분은 땅과 농기구를 담보로 대출을 받아 빚을 갚아나 가고 있으며 심한 경우에는 땅과 모든 것을 잃는 경우도 있다. 이와 비슷한 수의 많은 농민들은 남은 자산을 유지하기 위해 대형 농업 업체와 계약을 맺기도 한다. 이는 소농민의 이민을 확산시켰으며, 새로운 빈곤계층을 만들어냈고, 도시와 농촌 간 불평등을 심화시키 고, 농촌공동체의 분열을 가져왔다.

세계은행과 IMF는 우리 농업의 부와 다양성, 가능성을 위협하고 있다. 농업은 단순히 경제의 한 분야가 아니다. 농업은 숲, 강, 대지, 근해, 생물다양성, 인간과 동물의 거주지, 생산, 분배, 소비, 보존 등 여러 과정을 포괄하는 복잡한 환경체계다. 이 두 기관의 정책은 모든 농민의 생계에 영향을 미치고 있다. 우리 농업을 지켜내기 위해서는 세계은행과 IMF를 식량과 농업분야에서 쫓아내야만 한다.

개혁에 대한 요구를 무시하는 WTO

WTO는 비민주적이고 설명하기 어려운 이상한 조직이다. WTO는 전세계의 불평등과 위험을 악화시켰으며, 지속불가능한 생산과 소비행태를 조장했고, 다양성을 파괴하고, 사회적·환경적 우선순위를 훼손시켰다. 또 자신의 행동에 대한 비판에 귀를 기울이지 않으며 개혁을 부르짖는 모든 요구를 무시한다.

1999년 시애틀에서 열린 회담에서 개선을 약속했지만, WTO의 행동은 더 악화되었다. 부유한 국가와 가난한 국가 간의 불평등과 세력 불균등이 심화되는 현상을 다루기는커녕 WTO 내의 부자 회원국, 강대국 회원국를 위해서 약소 회원국에 환경, 노동, 투자, 경쟁에 관한 WTO의 의무사항 이행을 강요하는 등 한심스러운 행동을 계속하고 있다.

WTO는 식량과 농업문제를 담당하기에는 자격미달이다. WTO 협정에 서명한 국가들도 WTO가 보통사람들의 필요와 권리에 민감하게 반응하여 건실한 개혁을 해낼 것이라고는 믿지 않는다. WTO는 자국의 수자원을 운영하는 이익단체에 투자하는 외국인 투자자를 보호하는 규칙 제정을 시도했으며, 국제컨소시엄에 예외적인 어업권을 허용하도록 각국에 압박을 가하고 있다. 그러므로 서명국들은 모든 식량과 농업문제는 WTO의 관할에서 제외하도록 요구하고 있다. 이를 위한 구체적인 방법으로 농업협정을 폐지하는 대신 다른 WTO의 협정을 개정하거나 삭제하는 등 식량과 농업문제가 WTO 체제에서 완전히 벗어나는 것을 보장받고 싶어 한다.

식량과 농업에 관련된 WTO 협정은, 무역관련 지적재산권에 관한 협정(TRIPs, Agreement on Trade-Related Aspects of Intellectual Property Rights), 위생 및 식물위생 조치(SPS, Sanitary and PhytoSanitary measures), 무역기술 장벽협정(TBT, Technical Barriers to Trade), 수량제한(QRs, Quantitative Restriction), 보조금 상계조치(SCM, Subsidy and Countervailing Measure), 서비스무역에 관한 일반협정(GATS, General Agreement on Trade in Services) 등이다.

농업 및 식량정책에서 무역규칙의 역할

식품무역은 긍정적인 역할을 할 수도 있다. 예를 들면 한 지역에 식량수급이 불안하거나 특정 지역에서만 생산되는 상품이 있을 경우, 또는 양질의 상품을 교환하는 경우 등이 그렇다. 하지만 무역규칙을 제정할 때에는 모든 수준의 사전예방원칙을 존중하고, 민주적이고 참여가능한 의사결정 방식을 인정하며, 인간의 식량주권을 국제무역보다 우선순위에 놓아야 한다.

대안체제

지방정부와 국가가 그 본연의 역할을 다할 수 있으려면 새롭고 대안적인 국제체제가 분명히 필요하며, 그 역할은 지속가능한 생산과 식량·농수산품 무역에 대한 다자간 규제가 감당해야 할 것이다. 이 체제 아래에서는 다음의 원칙이 존중되어야 한다.

- 인간의 식량주권
- 모든 국가가 식량주권을 훼손하는 수입을 규제함으로써 국내시장을 보호할 수 있는 권리 · 식량주권을 보장하고 지지하는 무역규칙
- 성 평등과 식량생산에 관한 정책과 그 이행의 평등성을 수호
- 사전예방원칙
- 식품의 원산지와 구성성분에 대한 정보를 알 권리
- 진정어린 국제적 · 민주주의적 참여 메커니즘
- 국내 식량생산, 지속가능한 농어업 행위, 모든 자원의 공평한 사용에 우선순위를 둠
- 소농민이 직접 식량생산 수단을 통제하고 소유할 수 있도록 지원
- 전통적인 어업공동체가 수산자원에 자유롭게 접근할 수 있도록 지원
- 국내 식량생산을 보호하기 위해 모든 유형의 덤핑에 대한 효율적인 금지. 여기에는 과잉생산을 방지하기 위해 수출국가가 시행하는 공급관리와 국내시장을 저가 수입품으로부터 보호

하기 위한 수입국가의 권리가 포함된다.

- 유전공학을 이용한 불임품종의 개선을 포함해 어떤 형태의 동·식물, 사람 등 살아 있는 생명체에 대한 생명권 침해나 특허 금지

- 독립된 국제사법기관에서 제정된 모든 인권협약과 이와 관련된 다자간합의를 존중. 서명국은 다른 시민사회의 선언문에 명기된 요구사항을 확인할 것. 예를 들어, '우리의 세계는 상품이 아니다: WTO는 규모를 축소하든가 사라지든가' '당장 GATS의 공격을 중단하라' 등이 있다. 우리는 국가가 다음과 같은 단계를 즉각 시행할 것을 촉구한다. 새로운 무역자유화를 시작하려는 협상을 중지하고 WTO에서 '새로운 문제'를 논의하려는 시도를 중지하라. 이 새로운 문제에는 투자·경쟁·정부조달·생명기술·서비스·노동·환경문제에 대한 심도 깊은 논의들이 포함된다.

- WTO 농업협정 이후 후속협상 의제를 추진하면서 추가로 개최하려고 하는 무역자유화 협상을 취소할 것

- 국내 소비의 5퍼센트로 설정된 수입하한 도입의무를 취소할 것. 또 강제성을 띤 모든 시장접근 조항은 즉시 철폐할 것

- 식량·농수산업에 관해 현재 추진하고 있는 무역규칙과 협정(WTO의 역할도 포함)의 도입과 환경·사회적인 영향력에 대한 철저한 검토

- WTO 체제에서 식량과 농업문제를 제외하기 위한 조치를 시행한다. 이를 위해 농업협정AoA 폐기, 관련 조항인 TRIPs, GATS, SPS, TBT, SCM 등을 개정하거나 삭제한다. 이러한 조항들을 '새로운 식량주권·식량무역·농수산업에 관한 협약'으로 대체한다.

- 생명체와 그 구성체에 대한 특허를 금지할 수 있도록 지적재산권 정책을 개정한다. 공공보건과 공공안전을 보호하기 위해 특허보호를 제한할 수 있도록 정책을 개정한다.
- 서비스무역에 관한 일반협정GATS의 모든 협상을 중지하고 사회복지와 공공이익의 보호를 위해 '공격적인 자유화'의 원칙을 폐기한다. 개혁을 시행하고 소농민의 필수자산인 토지, 종자, 물과 다른 자원에 대한 권리를 보장한다.
- 양식민과 어민의 연합이 주도적으로 국내·국제적인 수자원, 영해 사용을 관장하는 데 있어 주도적인 역할을 할 수 있도록 장려한다.
- 지속가능한 생산과 식량무역, 농수산품 생산에 관한 국제대안 체제에 대한 논의에 착수한다.

국제 대안체제에는 다음 사항들이 포함되어야 한다.

- 적극적이고 헌신적으로 모든 사람의 기본권을 보호하기 위해 힘쓰며, 지속가능한 생산과 공정한 무역을 위한 규칙을 발전시키고, 이를 위해 적합한 공개토론의 장으로서 유엔을 개혁한다.
- 특별히 덤핑과 유전자변형 식품의 보조 행위를 막기 위해 국제사법재판소 산하의 독립적인 분쟁해결 메커니즘을 개발한다.
- 지속가능한 농업과 식량주권에 관한 세계이사회는 식량주권과 식량안보에 무역자유화가 미친 영향을 포괄적으로 평가하고 변화를 위한 제안을 하기 위해 창설되었다. 평가 대상에는

WTO와 기타 지역간·국가간 무역체제의 협정과 규칙, 그리고 국제금융협회와 국제개발기구의 경제정책이 포함되어 있다. 세계이사회는 사회단체, 문화단체, 대중운동단체, 전문가 집단, 민주적으로 선출된 대표와 국제기구 등 다양한 곳에서 대표를 선출하고 구성한다.

• 소농과 소규모 생산자들이 재산권, 자원권, 생산권을 행사하는 데 법적 보호를 받을 권리를 정의하는 법적 구속력이 있는 국제협약을 제정한다. 이런 협약은 유엔 인권분야의 틀 안에서 형성되어야 하며 현재 존재하고 있는 유엔의 관련 협약과 연계되어야 한다.

• 농업협정과 이와 관련된 다른 WTO의 조항을 대체하는 국제협약을 제정한다. 이 협약은 국제적인 영향력을 가져야 하며, 이 협약을 통해 식량주권과 모든 사람이 안전하고 건강한 음식을 먹을 수 있는 기본적인 인권이 지켜지고, 농촌 고용을 충실히 이행해야 하며, 노동권을 보호하고, 건강하고 풍족하며 다양한 자연환경 영위와 식량과 농산품에 관한 무역규칙 시행이 가능해야 한다.

충돌 발생

선진국과 개발도상국 정부 모두는 식량주권을 위해 다수의 권리 희생을 선택해야 할지, 국제시장에 기업의 접근성이 증가되면서 가져오는 고용창출의 효과를 택해야 할지, 둘 사이에서 선택의 문제에 직면한다. WTO의 농업협상이 계속되면서 정부 협상팀은 후자를 선택하라는 압력을 받았다. 그들은 민주적이고 자주적인 방법으로 식량과 농업정책을 추진하는 것을 포기한 대가로, 주요 수출업자들이 국제시장에 더 많이 접근할 수 있는 권리를 선택하도록 압력을 받은 것이다.

식량문제에 대해 고유의 결정을 한다는 식량주권 이론에 반대되는 개념이 WTO 체제이므로 전세계 대중의 식량주권을 보장하기 위해 WTO는 농업분야에서 당장 물러나야 한다. WTO가 제시한 목표에 대해 주요 무역국과 여러 개발도상국 간에 충돌이 있었는데도 WTO 회원국들은 근본적인 문제가 바로 WTO와 농업협정 자체에 있다는 사실을 인정하려 하지 않는다. 농업협정은 세 가지 '분야'(시장접근, 국내 지원, 수출 보조금)를 통해서 세계 최대 농산품 생산업체와 수출업체들이 독점생산을 할 수 있도록 하고 있으며, 나머지 국가들을 고통 속으로 내몰고 있다. 지난 10년간 진행되었던 협상에서처럼 WTO는 협력이 아닌 경쟁의 장이다.

칸쿤에서 WTO 장관회담이 결렬됨에 따라 미국과 EU는 이른바 도하개발아젠다를 발동하면서 다시 무역협상을 재개하려 했다. 하지만 그들은 칸쿤에서 개발도상국들이 농업무역에 관해 제기한 우려를 심각하게 고려한 어떠한 새로운 제안도 발표하지 않았다.

개도국이 우려하는 것은 관세감축에 대한 미국과 EU의 방책, (간단하게 삭감하겠다고 하기보다는) 실제로 수출 보조금 삭감을 꺼리는 그들의 태도, 반복적으로 허용 보조와 생산제한 직접지불 사이로 보조금 지급을 은폐하는 행위다. 무역 강대국은 칸쿤에 모여 식량주권과 생존권을 요구한 수많은 농민의 걱정을 해소하기 위한 어떤 노력도 기울이지 않고 있다. 그래서 그들은 한국 농민인 이경해 씨가 시위 중에 자신의 생명을 희생시키면서까지 말하고 싶어 했던 것에 완전히 무관심한 것이다. 칸쿤 장관회담의 결렬은 자국의 농민과 농업, 그리고 식량주권을 지키기 위한 개발도상국의 요구와 권리를 극명하게 보여준 사건이다. 칸쿤 사태 이후에 개최된 각종 회의에서도 그들의 바람은 여전히 WTO의 관심과 이해를 얻는 데 실패하고 있다.

　WTO는 식량 또는 농업과는 아무 상관 없는 기관이다. WTO가 정한 규칙은 식량주권의 핵심을 달성하는 길에 방해가 될 뿐이다. 수많은 농촌과 도시의 빈곤층에게 식량, 고용 그리고 생계를 제공하고 권리를 보장하려면 WTO는 농업과 식량분야에서 사라져야 한다.

FOOD
IS
DIFFERENT

식량주권

식량주권은 우리의 미래다

한국판 보론

식량주권은 우리의 미래다

 폭등하는 국제 곡물가격

국제 곡물가격이 가파른 상승세를 보이면서 각 나라들의 곡물수
급 경쟁을 더욱 치열하게 만들고 있다. 2006년 유엔 식량농업기구
는 '식량수급보고서'에서 밀, 옥수수 등 국제 곡물가격이 10년 만에
최고 기록을 넘기고 있어 수입에 의존하는 개발도상국가들에 큰 부
담이 되고 있다고 지적한 바 있다. 한국농촌경제연구원이 발표한
세계 곡물가 동향자료에 따르면 2006년 초 대비 2008년 7월 기준으
로 옥수수는 톤당 140달러에서 410달러로 2.93배, 대두(콩)는 280달
러에서 737달러로 2.63배, 캘리포니아 산 쌀은 491달러에서 1036달
러로 2.11배가 폭등하였다. 국제 곡물가격이 폭등한 이유는 다섯 가
지 정도로 분석해볼 수 있다.

첫 번째는 개발도상국들의 농업기반 축소의 문제다. WTO 신자
유주의 체제 아래에서 미국과 EU 등 농업 수출국들이 농업 개방을

강요하고 농업 보조금의 감축과 철폐를 요구하면서 개발도상국들의 농업기반을 파괴해왔다. 이는 결과적으로 세계적인 곡물 생산 증대에 걸림돌이 되고 있다.

두 번째는 지구온난화로 인한 기후변화 문제다. 잦은 가뭄과 폭염, 폭우 등으로 유럽과 호주 등 주요 곡물 생산국들의 작황이 부진하여 생산량이 지속적으로 감소하고 있다. 이에 따라 세계 곡물 재고율도 감소하고 있다. 2005~2006년 20퍼센트 정도였던 재고율은 2007~2008년에는 사상 최저치인 14.9퍼센트로 하락하기도 하였다. 지난 6월 로마에서 열렸던 '세계식량정상회의'에서 발표한 공동선언문은, 기후변화 도전에 대하여 식량 생산 시스템 복원력 제고 방안에 대한 근본적인 문제제기가 매우 중요하다고 밝히고 있다. 이러한 맥락에서 생물다양성은 미래 식량 생산 유지의 열쇠이기 때문에 중장기적 조치를 취해야 한다고 선언한 것이다.

세 번째는 식물연료 생산의 문제다. 국제 원유가격의 상승으로 식물연료에 대한 수요가 증가하면서 미국과 브라질, EU 등의 식물연료 생산량이 급증하고 있다. 2000년 181.7억 리터에서 2007년 605.6억 리터로 세 배가 증가했으며 미국과 브라질, EU가 식물연료 생산량의 90퍼센트 이상을 점유하고 있다. 말레이시아, 중국 등 연료 개발을 추진하고 있는 나라까지 가세한다면 현재의 생산구조가 더 다각화될 것이라는 전망이다. 각 나라가 식물연료를 활용하는 정책을 추진함으로써 이들 곡물에 대한 수요가 증가하거나 다른 작물의 재배가 감소하는 등 전체 곡물가의 급등을 야기하고 있다.

네 번째는 곡물의 수요와 공급의 불균형 문제다. 미국 농무부가 발표한 자료에 따르면 2007~2008년 세계 곡물 생산량을 20억 8409만 톤으로 전망하고 있으나 세계 곡물 소비량의 전망치를 21억 543만 톤으로 밝히고 있어 2134만 톤이 부족한 실정이다. 그러나 세계 인구의 42퍼센트를 차지하고 있는 BRICs(신흥경제국가인 브라질, 러시아, 인도, 중국) 국가들의 육류소비 증가에 따른 육류 생산용 사료곡물 증가로 국제 곡물시장의 수급불균형은 계속 심화될 것으로 전망하고 있다.

다섯 번째는 초국적 농기업과 곡물 투기자본의 문제다. 세계적으로 곡물시장은 미국의 카길, ADM, 콘아그라, 프랑스의 루이 드레퓌스, 아르헨티나의 벙기 등 이른바 5대 곡물 메이저의 시장 점유율이 90퍼센트에 육박하고 있다. 이들이 국제 곡물시장을 지배하는 과점

표 1 세계 곡물 생산량 및 소비량 변화 (단위 : 만 톤, 퍼센트)

곡물연도	생산량	소비량	재고량	재고율
1985/86	162,284	159,257	51,900	32.6
1990/91	181,009	175,502	49,663	28.3
1995/96	171,225	175,315	43,727	24.9
1999/00	187,217	186,542	58,732	31.5
2000/01	184,276	186,326	56,682	30.4
2001/02	187,411	190,226	53,868	28.3
2002/03	182,085	191,293	44,660	23.3
2003/04	186,219	194,990	35,890	18.4
2004/05	204,447	199,470	40,814	20.5
2005/06	201,644	203,154	38,857	19.1
2006/07(E)	199.167	204,434	33,530	16.4
2007/08(P)	208,409	210,543	30,774	14.9

주 : E(추정치), P(전망치)
(출처 : USDA, Foreign Agricultural Service(http://fas.usda.gov/psd))

체제를 형성하고 있고 신자유주의 체제 아래에서 이동이 자유로운 금융자본과 결탁하는 곡물 투기가 기승을 부리고 있다.

식량위기 현실화와 그 영향

과거의 식량파동은 기상이변에 따른 일시적인 현상이었지만 2006년 말부터 지속되고 있는 현재의 국제 곡물가격 폭등은 쉽게 변하지 않는 구조적인 요인들에 따른 것이다. 지구온난화로 인한 자연적 요소, 구조적인 국제 수급불균형 문제, 세계 경제의 조정국면(미국 중심의 일극화 탈피) 등 중장기적인 요소에 따른 국제 곡물가격 폭등과 수급불안은 당분간 지속될 것으로 봐야 한다.

러시아, EU, 중국, 베트남 등 곡물 수출국들은 이에 대한 대비책으로 이미 자국의 곡물과 농산물 수출을 제한하거나 수입을 원활하게 하기 위한 정책을 추진하고 있다. 결국 곡물 수출은 미국을 비롯한 몇 개 나라에 의해 제한적으로 이루어질 수밖에 없으며, 곡물 수출에서 시장가격 형성에 개입하거나 조작하는 초국적 농기업들이 세계 곡물시장을 쥐락펴락하면서 식량이라는 무기를 휘두를 수 있다.

이제 우리는 이 문제를 식량위기가 본격화하는 것으로 인식하고 비상한 관심을 기울여야 한다. 식량위기에 대한 근본적인 대책 없이는 멀지 않은 미래에 우리나라가 심각한 위기에 처할 수 있음을 인식해야 한다. 이미 세계 여러 나라에서는 국제 곡물가격 폭등의 여파로 식량수급이 부족해지면서 사회적으로 불안해지거나 기아

사망자가 증가하고 있다. 식량 수출국이었던 필리핀은 개방에 다른 농업 붕괴로 쌀을 수입하는 나라로 전락했으며 태국, 베트남의 쌀 수출 규제로 충분한 쌀을 수입할 수 없게 됨에 따라 무장군인의 경계 아래 쌀을 판매하고 있는 실정이다. IMF는 2007년에 식품과 연료가격 상승의 영향으로 세계적으로 3.9퍼센트의 인플레이션이 발생할 것으로 전망하면서, 인플레이션 요인 가운데 44퍼센트가 식품가격 상승으로 이는 연료가격 상승이 미치는 8퍼센트보다 크다고 발표하였다. 특히 아시아 개도국, 중동 등에서는 식품가격 상승이 각각 10퍼센트, 14퍼센트에 달하여 전체 인플레이션을 견인할 것으로 분석하고 있다.

표 2 식품 및 연료가격 상승의 인플레이션에 대한 기여율 (단위 : 퍼센트)

구분	2006년					2007년				
	전체	식품		연료		전체	식품		연료	
			기여율		기여율			기여율		기여율
세계	3.4	3.4	27.0	11.2	19.9	3.9	6.2	44.3	4.1	8.0
선진국	2.3	2.0	12.4	11.1	28.0	2.2	3.0	19.5	3.8	12.1
아시아개도국	3.7	4.4	37.7	12.3	19.4	4.9	10.0	67.5	3.1	3.4
중동	3.4	5.1	57.0	1.9	5.3	10.1	13.6	42.3	10.1	24.4

주 : 연도별 인플레이션은 전년대비 전체 물가상승률을 의미 (출처 : IMF(2008. 4))

우리나라의 경우 이러한 상황까지는 아니지만 곡물을 원료로 하는 식료품 가격이 상승함에 따라 전반적인 물가가 상승하는 이른바 애그플레이션(agflation, agriculture+inflation의 합성어) 현상이 나타나면서 2008년 3월 기준 소비자 물가가 4퍼센트 가량 상승했고 하반기에 접어들면서 6퍼센트 가량 상승하였다.

우리나라는 쌀을 제외한 곡물을 대부분 수입에 절대적으로 의존하고 있기 때문에 국제 곡물가격의 상승과 수급불안이 계속되는 한 식료품 가격의 상승과 전반적인 물가상승을 피할 수 없으며 이에 따른 사회적 혼란도 피할 수 없을 것이다. 우리나라의 경우 주식인 쌀의 자급률이 아직 높기는 하지만 정부가 2004년 미국, 중국과의 쌀협상에서 2014년까지 국내 소비량의 8퍼센트에 해당하는 쌀을 의무적으로 수입하기로 했으며, 2015년부터는 쌀을 관세화하여 전면개방하기로 했다.

결국 우리는 주식인 쌀이 얼마나 지켜질 수 있을지 장담하기 어려울 뿐 아니라 쌀 이외의 자급률은 5퍼센트밖에 안 되기 때문에 국제 곡물가격 급등과 수급불안 현상이 지속될 것으로 예측되는 한 식량위기를 마음 놓고 지켜볼 수만은 없다. 우리나라도 이미 두 차례의 경험이 있지 않은가? 1972년 세계 식량파동 때 국제 쌀값이 367퍼센트 상승하여 비싸게 수입한 예가 있고 1980년 냉해를 입었을 때 미국 카길 사에서 쌀을 사오면서 국제 곡물가격의 세 배나 주고도 향후 5년 동안 지속적으로 쌀을 수입하겠다는 부당한 계약조건으로 쌀을 들여온 예가 있다.

식량위기와 우리 정부의 대책

국제 곡물가격 폭등에 대한 우리 정부의 대책은 수입곡물의 할당관세를 인하하고 곡물 수입선을 다변화한다는 단기 대응과 민간 주도의 해외 농업개발을 통해 2030년까지 곡물자급 50퍼센트(국내 자

215

급 25퍼센트＋해외 식량생산기지 개발 25퍼센트)를 안정적으로 공급할 수 있는 공급망을 확보한다는 장기적 계획이다.

그러나 정부의 이러한 대책들의 실효성에 대해서 의문을 제기하지 않을 수 없다. 우선 밀과 옥수수의 현행 관세율은 0.5퍼센트밖에 되지 않아 무관세화한다 하더라도 실효성이 없다고 봐야 하며, 곡물 수입선 다변화는 각 나라의 곡물확보 경쟁과 수출규제 등의 곡물 내셔널리즘 확산으로 한계가 존재한다. 또 해외 식량생산기지 개발의 경우 최근 일부 지자체들이나 기업들이 경쟁적으로 추진하고 있으나 경쟁이 치열해지면서 해당국의 땅 임대료와 곡물가격이 크게 오르는 등 부작용이 나타나고 있고 해당국의 수출규제 등의 문제까지 발생하게 된다면 과거와 같은 실패가 재연될 가능성이 있다.

이러한 정부 대책의 가장 큰 한계는 우리나라 자체적인 곡물 생산 확대와 수급확대를 중심에 두는 '식량주권' 개념에 기반을 둔 농업정책보다는 식량을 안정적으로 수입할 수 있다면 식량보장은 달성될 수 있다는 '식량안보'에 입각한 정책에 매몰되어 있다. 식량위기의 시대엔 돈이 있어도 충분한 양의 곡물을 마음대로 살 수 없을 수도 있다. 자국의 식량수급이 불안한 상황에서 주요 곡물 수출국들은 자국의 실리를 우선적으로 추구할 수밖에 없으며 초국적농기업은 이 기회를 이용해 이익을 극대화하려고 하기 때문이다. '식량안보'의 맹점이 여기에 있다.

최근 농림수산식품부는 겨울철 유휴농지에 식량·사료작물을 재배함으로써 2012년까지 자급률을 3퍼센트 높이고 농가소득의 향상과 국민정서 함양을 꾀하겠다는 소위 '제2녹색혁명시대' 계획을 발표한 바 있다. 이는 그동안의 식량정책에 비하면 전향적인 자세이기는 하나 중장기적인 '식량자급률 목표수준' 설정에 따른 이행계획이 아니고 소비 측면의 자급확대 방안이 부재하다는 점에서 알맹이가 빠진 것처럼 허전하기 그지없다.

식량위기 시대를 극복할 근본적인 대책은 '식량주권'을 실현하기 위한 국내의 식량자급력을 우선으로 확보해야 한다는 것이다. 국민들에게 안전한 먹을거리를 안정적으로 공급할 수 있는 일정 정도의 자급력을 갖추는 것을 최우선으로 하기 위한 국내 식량자급률의 목표수준 설정이 필요하다. 우리나라 곡물자급률은 28퍼센트로 2003년 기준 OECD 회원국 29개국 가운데 25위로 나타났다(쌀 98.9퍼센트, 보리 53퍼센트, 콩 11.3퍼센트, 옥수수 0.8퍼센트, 밀 0.3퍼센트).

표 3 2003년 기준 OECD국가별 곡물 자급률   (단위 : 퍼센트)

순위	국가	곡물자급률	순위	국가	자급률
1	호주	333	16	아일랜드	79
2	프랑스	173	17	그리스	75
3	캐나다	146	18	이탈리아	73
4	헝가리	141	19	노르웨이	72
5	미국	132	20	뉴질랜드	71
6	스웨덴	122	21	스페인	68
7	핀란드	114	22	멕시코	64
8	덴마크	107	23	스위스	49
9	슬로바키아	102	24	벨기에	48
10	독일	101	25	한국	28
11	영국	99	26	일본	27
12	터키	95	27	포르투갈	27
13	폴란드	93	28	네덜란드	24
14	체코	92	29	아이슬란드	0
15	오스트리아	91			

(출처 : 농림수산성 〈식료수급표〉, FAOSTAT 〈Food Balance Sheet〉 재구성)

정부는 그동안 농민단체를 비롯한 시민사회단체가 지속적으로 제기해온 '식량자급률 목표수준 법제화' 요구에 대해서 여러 가지 이유로 외면해왔다. 그나마 정부가 추진한 것은 2007년 '농업농촌 기본법' 전부개정을 통해서 기본계획 수립 시 식량용 쌀과 맥류 자급률(주식용 곡물자급률), 모든 곡물자급률, 쇠고기·돼지고기·닭고기와 우유 자급률을 설정하고 5년마다 자급률을 조정하도록 하였으나 자급률 목표치가 뚜렷하게 설정된 것도 없고 이를 설정하고 시행하기 위한 세부적인 방안을 추진하고 있지 않다.

식량주권의 개념과 국제적 논의 흐름

'식량주권'이란 농민과 소비자인 국민, 국가가 자연자원, 일상적인 생산과 소비, 생활의 모든 과정에서 식량과 관련한 자기결정권을 확립하고 행사하는 권리다. 또 자연재해나 인재, 심지어 전쟁이 발발하더라도 식량권만큼은 보장돼야 하는 인류의 천부적 권리이기도 하다.

국내에서는 식량주권Food Sovereignty을 식량안보Food Security로만 인식하거나 식품안전Food Safety 차원에서 이해하기도 한다. 그러나 엄밀히 말하자면 식량주권은 식량안보와 식품안전을 아우르는 개념으로 보아야 마땅하다. 또 식량주권은 농산물에 국한된 개념이 아니라 구체적으로 접근하자면 생태계가 유지되는 토지, 토양, 물, 바다, 종자, 가축 등 생물다양성의 존중에 기반을 둔 농촌환경, 수산물, 자연환경, 전통음식은 물론 생산방식과 전통문화, 전통언어를 포함한 개념이다.

전 세계적으로 보더라도 이러한 식량주권의 문제는 농민들만의 주장이 아니며 신자유주의를 넘어서는 대안사회를 모색하는 이들의 거대화두가 되고 있다. 세계 식량정상회의의 식량안보론에 대항하여 1996년 멕시코 '틀락스칼라'에서 열린 2차 비아 캄페시나 세계총회에서 처음으로 식량주권에 대해 토론했고, 이후 식량주권은 국제 농업토론에서 중요한 이슈로 떠올랐다. 시애틀, 칸쿤, 홍콩에서 벌어진 반WTO 투쟁에서뿐 아니라 FTA, 다국적기업, 세계은행, IMF에 대항하여 신자유주의 반대투쟁에서의 주요 의제였다.

비아 캄페시나와 지구의 벗, 세계여성행진 등 사회운동단체들은 2007년 2월 22일부터 28일까지 아프리카 말리에서 '닐레니 2007'이라는 제목으로 세계 식량주권 포럼을 열었다. 여기에서 세계 농민단체와 사회단체들 사이에 대화와 연대를 통해 국제 연대를 강화하고 식량주권의 정당성을 확산시키며 공동 전략을 마련하고 식량주권을 파괴하는 신자유적인 정책들을 저지할 것을 천명하였다.

식량주권 실현을 위한 지속가능한 농업

식량주권을 실현하기 위해서는 식량주권의 개념에서 밝혔듯이 농업의 두 주체이자 공동의 권리자인 국민과 농민의 이해관계를 생산자와 소비자로 분리시키지 않고, 국민과 농민이 전체 공동체의 입장에서 이해와 요구를 공유하도록 만드는 것이 중요하다. 즉 농업을 단순한 농산물 생산을 넘어 식량주권과 환경생태보전, 지역과 공동체 복원, 먹을거리 안전과 국민건강 등과 같은 다원적 기능을 가진 것으로 이해하고, 국민의 이해관계와 직접적으로 일치하게 만들고, 지속가능성을 보장하는 공공영역으로서 농업의 지위를 확보해야 한다.

지속가능한 농업의 최상위 목표로는 첫째 안전한 먹을거리를 안정적으로 공급하고 소비하는 식량주권의 실현, 둘째 농촌의 다원적 기능 확대를 꼽을 수 있다.

안전한 먹거리를 안정적으로 제공하고 소비하는 식량주권을 실현하기 위해서는 국내 농업을 보호·육성하는 동시에 세계 식량체제에 대항하는 사회적 먹을거리 체계(지역 먹을거리 체계) 같은 대안적 소비체제 구축이 필요하다. 또 다원적 기능을 확대하기 위해서는 지속가능한 사회발전과 삶의 질 향상을 위한 기반으로서 농업이 갖고 있는 환경, 생태, 안전, 균형, 휴식공간 등 다양한 다원적 기능이 충분히 발현될 수 있도록 사회경제적인 기반과 체계를 구축해야 한다.

이러한 최상위 목표를 보다 구체화하기 위한 전략은 식량자급률 목표수준의 법제화, 환경친화적 농업으로의 단계적 전환, 공공영역으로서 농업의 지위보장과 농민의 권리보장 등으로 구성된다.

식량자급률 목표수준의 법제화는 식량의 안정적 자급을 위해서 적정 규모의 농업을 유지하는 것이 필요하기 때문에 각 나라의 자급률제도를 감안하되 우리 실정에 맞게 식량자급률 목표수준을 법제화하여 시기별·단계별 식량자급률 목표와 농지보전 규모, 소득보장 수준 등을 설정하도록 하는 것이 주요 내용이다.

환경친화적 농업으로의 단계적 전환은 지속가능한 발전의 기반으로서 농업의 다원적 기능이 더 충실히 실현되고 국민 일반의 이해관계에 부합하기 위해서는 단계적으로 환경친화적 농업으로 전환하도록 해야 한다. 농업의 적정 규모를 유지하기 위한 식량자급률 목표수준을 고려하여 환경친화적 농업으로의 단계적 전환이 필요하다. 아울러 환경친화적 농업의 개념을 단순히 농법이나 잔류물질 성분에 국한할 것이 아니라 지역순환, 물질순환, 생태순환 등의 개념도 포괄할 수 있도록 해야 한다.

농업의 핵심가치인 식량주권과 다원적 기능은 시장지배체제에서 온전하게 실현할 수 없다. 국민 일반의 이해관계와 일치하는 공공적 성격을 갖기 때문에 농업에 대해 공공영역으로서의 지위를 부여하여 국가의 공공정책 차원에서 농업정책을 수행하여야 한다. 또 그에 상응하는 농민의 권리를 보장함으로써 생산과 가공, 유통, 소득, 삶의 질 등을 보장할 수 있어야 한다. 공공영역으로서 농업의 지위보장과 농민의 권리를 보장하기 위한 구체적인 방법으로는 국민협약을 통해 국민적 합의를 도출하는 과정에서 제도화할 수 있도록 해야 한다. 제도화는 농업·농촌 및 식품산업기본법 개정을 통해 지위를 부여하는 방법, 개헌을 통해 헌법에 내용을 포함시키는 방법(베네수엘라 볼리바리안 헌법, 네팔의 임시헌법 등) 등이 있을 수 있다.

지속가능한 농업의 전략에 따른 중점 과제로는 사회적 먹을거리 체계 구축, 도시생태농업 확대, 먹을거리 안전관리체계 확충, 지역농업의 협업생산체제 구축, 농지 공개념제도 도입, 농가소득 안전망 구축, 농협을 자주적인 경제조직으로 개편, 농촌공동체 유지와 농민의 삶의 질 향상이 중점 과제로 제시될 수 있다.

표 4 농업 · 농촌의 다원적 기능의 경제적 가치

구분	기능	2000년		2006년	
		평가액(억원)	구성비 (퍼센트)	평가액(억원)	구성비 (퍼센트)
논	홍수 조절	129,777	63.2	443,149	78.6
	수자원 함양	16,000	7.8	17.694	3.1
	대기 정화 *	20,015	9.7	71.845	12.7
	기후 순화	15,585	7.6	13.020	2.3
	수질 정화	21,900	10.7	2,977	0.5
	토양 보전	2,075	1.0	15,069	2.7
	소계(A)	205,352	100	563,993	100
밭	홍수 조절	3,739	10.6	72,215	64.1
	수자원 함양	85	2.2	528	0.5
	대기 정화 *	24,730	70.7	27,435	24.4
	기후 순화	1,249	3.5	4,850	4.3
	토양 보전	2,075	13.7	7,610	6.8
	소계(A)	35,351	100	112,638	100
합계(A+B)		240,703		676,632	
농업생산액		319,677		352,324	

* 탄소배출권 시장에서의 거래단가 적용 시 대기정화의 경제적 평가액은 훨씬 커짐

(출처 : 농림부, 〈농림통계연보〉 2007)

지속가능한 농업 전략의 실현 방안

식량자급률은 국내 식량 총소비량 가운데 국내 생산으로 어느 정도 자급할 수 있는가를 나타내는 지표다. 식량자급률이라고 할 때 우리나라에서는 쌀, 보리, 보리 등 주식용 곡물자급(중량 기준)과 사료도 포함한 곡물의 자급률(중량 기준)을 일반적으로 사용하고 있다.

일본에서는 일반적으로 칼로리 기준의 식료자급률(일본에서는 식료라는 용어를 사용하는데 이는 곡물, 축산물, 과실류, 어패류 등 식품 전체를 포괄한다)을 사용하고 이와 함께 주요 품목별 자급률(중량 기준), 주식용 곡물자급률, 사료용을 포함한 곡물 전체 자급률, 사료자급률, 그리고 수입 사료곡물에 의존하여 생산한 축산물과 칼로리가 비교적 낮은 야채, 과일의 국내 생산활동을 효율적으로 나타내기 위한 금액기준의 종합식료자급률 등 각 지표를 종합적으로 사용하고 있다.

식량주권, 다원적 기능 등과 같은 농업의 공공적 가치와 역할을 실현하기 위해서는 농업 규모를 적정 수준에서 유지하는 것이 필수며, 이에 따른 국내 식량자급률 목표수준을 명확히 설정하고 이를 법제화할 필요가 있다. 기존에 정부가 제시한 10년간 자급목표(2012년 30.8~32.8퍼센트)는 현행 식량수급 추세에서도 달성 가능한 수준으로서 이는 식량주권의 실현을 위한 식량자급률 목표수준 설정과는 거리가 있다. 따라서 식량주권을 온전하게 실현하기 위해서는 40~50퍼센트 달성을 목표로 설정해야 한다.

이를 기준으로 품목별자급률(중량 기준), 주식용 곡물자급률(중량기준), 사료자급률(중량 기준), 채소, 과일, 수산물 등을 포함한 공급열량자급률(칼로리 기준)을 병기하도록 해야 한다. 우리나라와 사정이 다르긴 하나 자급률이 높은 다른 나라에서도 식량의 공급에 관한 법률들이 오래전부터 시행되고 있다.

식량자급률 확대의 기본 방향으로는 첫째, 주식인 쌀은 현행 생산수준을 유지하는 것으로 한다. 현재 쌀의 자급률은 약 95퍼센트이상 수준인데, 현재 쌀의 생산 수준을 지속적으로 유지해야 한다. 쌀은 국민들의 영양 공급량 가운데 29퍼센트를 차지하고 있는 식량

표 5 주요국가의 비상시 식량안전보장정책

국가	근거 법률	식품공급 목표
독일(곡물자급률 125퍼센트)	식량안정확보법(1965년) 식량긴급대처법(1990년)	섭취기준 2400kcal (평상시 3400kcal)
스위스(곡물자급률 68퍼센트)	헌법 제31조국가경제물자 공급에 관한 연방법(1982년)	섭취기준 2300kcal (평상시 3300kcal)
스웨덴(곡물자급률 118퍼센트)	헌법 제13조 및 국회결의	섭취기준 2900kcal (평상시 동일)
핀란드(곡물자급률 91퍼센트)	공급보장법(1992년)	섭취기준 2800kcal (평상시 동일)
노르웨이(곡물자급률 74퍼센트)	곡물공급법 등	섭취기준 2900kcal (평상시 동일)

주 : 섭취 칼로리는 1인 1년당 수치 (출처 : 2001, 《圖說 식료 · 농업 · 농촌백서》, 46페이지)

의 보루이며, 쌀 재배면적 95만 5000헥타르는 임야를 제외한 국토의 27퍼센트를 차지하고 있어 논의 환경보전, 홍수조절 등 다원적 가치는 쌀 생산액(2006년 기준)의 두 배가 넘는 연간 19조 원으로 추정하고 있다(농진청 농업과학기술원). 전체 농가 가운데 쌀농가 비중은 73퍼센트로 대부분의 농가가 쌀농사를 짓고 있고 쌀농사가 주업인 농가는 전체 농가의 50퍼센트 이상을 차지할 정도로 농가경제 면에서 비중이 높다.

반면 국제 수급구조는 불안한 상황이다. 우리나라에서 소비되는 중단립종 쌀 생산은 중국, 일본, 한국, 미국 등에 집중되어 있으며 생산량 중 교역량 비중은 5퍼센트에 불과하다. 특히 우리나라는 10년에 한 번 정도 큰 흉작이 발생하고 있어 식량위기 상황에 맞춰 쌀 수출국들의 담합 가능성이 제기되고 있고(2008년 5월 태국은 OPEC와 유사한 쌀수출국기구OREC 추진), 초국적 곡물기업들의 시장지배력 강화로 식량 수입국의 위협이 커져가고 있는 상황이다. 농협경제연구소의 연구에 따르면 기상이변이나 국제적인 수급여건 악화로 쌀 공급량이 30퍼센트 줄어들 경우 소비자 가격은 최대 146퍼센트 상승할 것으로 추정하고 있다.

둘째, 보리, 밀, 콩, 조 사료 등을 중심으로 식량자급률을 확대해야 한다. 보리, 밀, 콩은 안전한 먹을거리의 중심 품목으로서 수요량이 높아 효과적으로 자급률 확대가 가능하며, 조 사료는 지역순환(물질순환)의 환경친화적 농업 전환에 필수적이며 농가소득 향상에도 기여할 수 있기 때문이다. 2006년 통계청 통계기준을 보면 사료용을 제외한 보리, 밀, 콩, 옥수수의 자급률은 각각 55.6퍼센트, 0.2퍼센트, 13.6퍼센트, 0.8퍼센트고 사료작물 사용실적은 2006년 실적 844만 톤 가운데 국산은 22만 톤으로 2.3퍼센트, 수입은 822만 톤으로 97퍼센트를 차지하고 있다.

식량자급률을 확대하기 위해서는 수입의존도가 높고 수요가 있는 이러한 작물을 선택하여 생산목표를 세워 정책지원을 해야 한다. 특히 콩의 경우 장류 등 가공식품의 제조를 위해 업체와 농가 간 계약재배가 증가하였고 밀의 경우 최근 개발된 국산밀 종자의 품질이 크게 향상되어 제빵, 제면 등에 적합할 뿐 아니라 가공 정도에 따라 국산 밀과 수입 밀의 가격 차이가 줄어들고 있다는 보고가 발표되었다. 또 조 사료 중 총체보리의 경우 사료값 폭등으로 인해 축산농가의 조 사료 수요 및 공급 확대가 이루어지고 있어 자급률 확대에 큰 영향을 미칠 것으로 보인다.

셋째, 소비 측면의 자급률 확대 방안도 함께 추진해야 한다. 소비 측면의 자급률 확대를 위해서는 식생활 개선과 지속가능한 농업이라는 원칙이 있어야 한다. 식생활 개선은 국민들의 건강을 위해 적정영양 공급을 우선으로 하되, 안전하고 안정적인 국산 농축산물의 소비확대 방안과 연계되어야 한다.

우리나라는 패스트푸드, 인스턴트식품, 식품첨가물에 대한 의존도가 증가하고 있는데 2004년 기준 우리나라는 세계 6위의 패스트푸드 매출액 국가로 알려지고 있다. 이러한 식생활로 인해 비만, 아동비만, 아토피 등도 늘어나고 있어 당뇨병 사망률이 OECD 국가에서 1위를 차지하고 있고 인구 1000명당 아토피 환자수도 2001년 12명에서 2005년 91.4명으로 급격히 증가했다. 따라서 식생활 개선과 이를 위한 올바른 식생활 교육 프로그램은 단순히 식문화 차원을 넘어 소비자인 국민의 건강권과 생명권과도 직결되는 문제라고 말할 수 있다.

지속가능한 농업이라는 원칙을 실현하고 사회적 복지, 보건, 환경정책까지 연결할 수 있는 방도로는 몇몇 지자체들과 시민사회단체가 추진하고 있는 '지역 먹을거리 체계' 같은 방도가 있다. '지역 먹을거리 체계'는 특정 지역 내에서 농민들에 의해 생산된 먹을거리가 가능한 지역 내에서 소비되는 것을 촉진하고자 하는 것으로서 생산자와 소비자 간에 먹을거리를 매개로 하는 물리적 거리와 사회적 거리를 줄임으로써 생산자에게는 소득을 보장하고 소비자에게는 먹을거리에 대한 정보와 신뢰를 가질 수 있도록 하자는 취지에서 비롯된 것이다.

'지역 먹을거리 체계'는 사회적 합의와 제도화를 통해 일반 소비는 물론 학교급식, 소외계층, 군대, 병원, 공공기관 등에 대한 공공급식 프로그램으로까지 확대될 수 있도록 하는 사회적 먹을거리체계 구축으로 발전해야 하며, 이는 생산 과정에서 환경부하를 줄이게 되는 자원순환과 더불어 소비 측면의 식량자급률 확대를 충분히 가능하게 한다.

국민들에게 안전한 먹을거리를 평등하게 선택할 수 있는 권리를 보장하고 농업과 농촌의 다원적 기능을 더 충실하게 실현하여 지속가능한 발전의 토대가 되기 위해서는 식량자급률 목표와 같은 양적인 측면의 농업 규모를 적정 수준에서 유지하면서 동시에 환경친화적 농업으로의 질적인 전환이 필요하다.

환경친화적 농업의 전면화를 실현하는 데 필요한 기술적 수준과 사회경제적 조건을 고려할 때 단기간에 전면적으로 환경친화적 농업으로 전환하는 것은 현실상 불가능하며, 단계적으로 환경친화적 농업으로 전환해나가는 것이 실현가능한 전략이다.

환경친화적 농업은 특정 농법이나 잔류물질 성분에 국한되는 개념이 아니라 토양미생물, 식물, 동물이 사람과 상호의존하고 있는 공동체를 바탕으로 하여 생태환경보전과 먹거리 안전을 추구하며, 물질순환·지역순환·생물다양성 등의 방법으로 생산성 향상과 생태계 유지·증진을 실현하는 진반직인 생산체계를 의미한다.

농업의 다양한 공공적 역할 가운데 특히 안전한 먹거리와 생태환경의 유지를 강조하는 현재 일반 국민의 직접적인 이해관계에 부합하면서 지속가능한 농업에 대한 국민적 지지와 합의를 도출하기 위해서는 환경친화적 농업으로의 전환이 필수적이다. 시장지배체제 내부에서의 환경친화적 농업은 소수의 틈새시장으로 존재할 수 있으나 전면화는 불가능하다.

이는 미국·EU·호주 등의 유기농업 비중이 약 1~4퍼센트에 불과하지만 쿠바는 약 20퍼센트에 달한다는 사실에서 역사적으로 입증됐다. 우리 정부의 농업구조조정 정책에서 강조되는 고품질 농업(친환경, 브랜드화, 기능성 식품원료 등)은 신자유주의 시장지배체제에서 소수 상위계층 중심의 틈새시장(최대 10퍼센트 예상)에서 생존 가능하며, 이는 소득수준에 따른 먹을거리의 양극화를 초래하여 심각한 사회양극화를 더욱 악화시키는 근본적인 한계를 갖고 있다.

따라서 환경친화적 농업을 전면적으로 실현하기 위해서는 농업이 시장지배체제의 예속에서 벗어나 새로운 사회경제적 시스템을 구축해야 하며, 새로운 시스템은 시장지배체제의 바깥에 있는 사회적 경제 및 공공영역에서 정부의 지원과 보호 아래 단계적으로 전환·확대해 나가야 한다.

환경친화적 농업으로의 전환에 부합하는 대안적 사회경제적 시스템은 지역 단위 중소농의 조직화에 기반을 둔 협업생산체제와 학교급식을 포함한 공공급식 프로그램 및 지역 단위 소비공동체 등과 같은 소비체계와 직접적인 연계구조를 구축하고 여기에 국가(정부) 차원의 정책·제도·기술 등과 같은 지원체계가 결합하는 사회적 먹을거리체계다. 환경친화적 농업으로의 단계적 전환은 새로운 사회경제적 시스템으로서 사회적 먹을거리 체계가 지역별로 형성되고 점차적으로 그 규모와 범위를 확대하여 궁극적으로는 농업생산 전반을 포괄하는 지속가능한 농업으로 정착되는 과정을 거치게 해야 한다.

농업이 공공영역으로서 지위에 걸맞은 공공적 역할을 수행하기 위해서는 시장지배체제에서 벗어나야 하며, 그러기 위한 현실적인 방법은 농업에 대한 정부의 지원과 보호장치가 작동하는 체제로 전환해야 한다. 이러한 정부의 지원과 보호장치가 작동하기 위해서는 공공영역으로서 농업의 지위와 역할, 생산주체인 농민의 권리와 의

무(여성 농민의 지위 보장), 직접 이해당사자인 국민을 대신하여 국가의 임무와 역할을 제도화해야 한다. 이 같은 제도화를 실현하기 위해서는 제도화에 대한 국민의 광범위한 지지와 동의를 바탕으로 사회적 합의가 선행되어야 하며, 그렇기 때문에 지속가능한 농업은 시장지배의 농정이 아니라 국민합의의 농정이라 할 수 있다. 국민합의의 농정을 위해서는 농민의 인식전환과 적극적인 실천의지, 국민의 광범위한 지지와 합의를 도출해야 하며 국가가 정책과 제도를 통해 집행하는 체계가 구축되어야 한다.

식량주권과 지속가능한 농업을 향한 출발

구조적인 문제로 발생한 국제 곡물가의 폭등과 수급불안, 전반적인 물가상승, 세계적인 식량위기에 대해서 식량 수출국들에 기대는 등 '식량안보'의 개념에 따른 해결방법만을 찾는 것으로는 '식량주권'과 '지속가능한 농업'을 만들어가기 어렵나. 그런데도 현 정부는 곡물의 수입관세율 인하 내지는 특정 농산물에 대한 물가관리 같은 단기대책, 식량주권이라는 뚜렷한 목표가 없는 제2녹색혁명, 해외농지 개발이라는 곁가지 같은 대책만을 추구하고 있다.

식량문제는 정부의 계획과 정책, 자연의 힘, 농민, 소비자인 국민의 공공 요구와 노력에 따라 정해지는 근본적이고 장기적인 문제다. 그래서 식량위기 시대를 눈앞에 두고 있는 지금 '식량주권'의 개념과 이를 실현하기 위한 실천과 정책의 필요성이 더욱 간절해지는 것이다. 그러나 정부와 개방론자들은 여전히 비교우위론을 앞세위 농산물 개방을 우선으로 하고 있고 식량주권의 필요성에 대해서는 애써 외면하고 있다.

많은 시민사회단체들과 국민들은 식량위기 문제에 대해 우려하고 있고 식량자급 확대의 필요성에 대해서 공감하고 있다. 그러나 양적인 자급이 아닌 올바른 개념으로서의 '식량주권'의 개념과 과제에 대해서는 충분히 공유되어 있지 못하며 내용의 구체성 역시 아직 부족하다고 할 수 있다.

더욱 중요한 것은 농민들과 소비자인 국민들과의 관계가 '심정적 지지' 수준을 벗어나고 있지 못하다는 것이다. 그간 전국농민회총연맹, 전국여성농민회총연합으로 대표되는 한국의 농민운동은 한국 사회를 변화시키기 위한 과정에서 민주화를 이루는 것과 WTO 신자유주의 개방 농정, 농업 구조조정에 대해 지속적인 저항과 투쟁을 끈질기게 이끌어왔다. 농업과 농촌을 지키고 농민들의 권익을 실현하기 위한 농민운동의 저항과 투쟁은 많은 성과도 있었고 앞으로 나아갈 방향에 대해서 성찰해볼 수 있는 계기를 제공해주었다.

중요한 것은 그동안 심정적 지지를 보내왔던 국민들과 농민들이 어떠한 과정과 내용을 통하여 소통하고 연대하여 '식량주권' 실현을 향해 함께할 것인가 하는 문제다. 지속가능한 농업을 실현하는 것은 당연히 농민과 국민 모두의 몫이지만 먼저 농민운동이 구체적인 실천을 어떻게 할 것인가를 고민하는 것이 중요하다고 볼 수 있다. 이와 관련해서는 크게 두 가지를 꼽을 수 있을 것이다.

첫째, 지속가능한 농업의 작은 실천을 통해서 국민적 지지의 확대가 필요하다. 농민은 생산수단을 보유하고 있기 때문에 미약한 단계라 하더라도 생산조직화, 환경친화적인 농업, 지역 먹을거리

운동 같은 소비자와의 교류 활성화 등 실천할 수 있는 여지가 많다. 이러한 실천의 바탕이 만들어지면 정부 차원의 농업정책 변화를 이끌어내고자 할 때 국민적 지지와 동참이 용이해진다.

둘째, 농업·농촌이 포괄하고 있는 다양한 의제융합을 기초로 하여 '지속가능한 국민농업 네트워크'를 구축해나가야 한다. 농업은 먹을거리 생산을 기본으로 환경, 교육, 의료, 지역공동체, 문화 등 다원적 기능을 발휘하면서 다양한 영역과 밀접한 연관이 있다. 이러한 다양한 영역의 의제들이 하나로 융합될 때 각각의 문제들이 더 쉽게 해결될 수 있다. 예를 들면 식량주권의 개념만 하더라도 농산물에 국한된 개념만이 아니라 농촌환경, 수산물, 자연환경, 전통음식은 물론 생산방식과 전통문화, 전통언어를 포함한 개념이다. 이러한 맥락에서 농업과 연관된 다양한 시민사회단체들이 지속가능한 농업을 위한 의제 연결을 구축해나갈 수 있다.

강조했듯이 식량주권 실현의 문제는 더 이상 미룰 수 없는 시급한 일이다. 이를 위해서는 농민들이 우선적으로 나서야 하는 것은 물론 시민사회 각계가 식량주권이 중심이 되는 지속가능한 농업에 대한 공론화를 적극적으로 추진해야 한다. 공론화 과정에서 크고 작은 실천들이 담보되어 '사회협약'을 만들어나가기 위한 기틀을 마련해야 하며 이후 제도화될 수 있도록 함으로써 지속가능한 농업과 사회를 향한 출발에 큰 발걸음을 내딛는 것이 필요하다. 신자유주의 체제에서 농업의 상품화는 이렇게 깨져가고 신자유주의 역시 극복될 수 있으리라는 믿음으로……

이창한(전국농민회총연맹 정책위원장)

- 김영섭, '일본의 식량자급률 제고 정책', NHERI 경영정보 제28호, 2008. 7
- 김영섭·신재근, '식량위기와 쌀 자급의 의의', CEO Focus 제192호, 2008. 5
- 김종덕, 민주노동당 〈먹거리 종합정책에 관한 연구〉 중 '지역식량체계를 통한 안심 먹거리 보장', 2007. 6
- 박세길·이창한·장경호,《새로운 사회를 여는 희망의 조건》 중 '농민운동의 새로운 과제와 국민농업', 시대의창, 2007
- 배민식, '식량자급률 목표설정', 입법정보 제195호, 2004. 12
- 새로운사회를여는연구원, 〈농업분과 토론자료〉, 2007
- 윤병선, 한국사회포럼 발표문 '식량위기를 넘어서는 길', 2008. 8
- 이창한,《월간 말》 2008년 5월호, '먹거리 때문에 난리 난 지구'
- 장경호·새로운사회를여는연구원, '식량의 무기/투기화와 한국의 '식량주권'', 2008. 7
- 전농·전여농 대안농정기획단, 〈지속가능한 국민농업·통일농업 보고서〉, 2007. 12
- 최지현, 〈식량자급 실태와 자급률목표 설정 방향〉, 식량자급률 토론회 제1주제 자료, 2004. 7
- 한국농촌경제연구원,《세계농업》 제94호, 2008. 6
- FAO 한국협회,《세계 식품과 농업》 2008년 7월호

1   앨범 〈Slash and Burn〉에 수록된 곡이다. 음악을 들으려면
http://www.stephansmith.com/slashandburn.html을 방문하면 된다.

2   http://www.nffc.net 참고.

3   〈How the WTO Rules Agriculture〉(p.81)를 통해 WTO의 박스들이 어떻
게 기능하는지 보라.

4   http://www.ers.usda.gov/data/costsandreturns/data/current/c-corn.xls 참고.

5   덤핑은 생산가 이하의 가격으로 물건을 파는 행위이며, 이 때문에 지역의
농민들은 수입농산물에 대해 경쟁 자체를 할 수 없다.

6   〈Food from Farms Act: A proposal〉(p.107) 참고.

7   Losch, 2004.

8   Han, 1999; Lee and Kim, 2003.

9   이 장의 논쟁은 다음 글들을 기반으로 하고 있다. Lappe et al., 1998;
Bello et al., 1999; Bello, 2001; Kwi, 2001; de Grassi and Rosset,
forthcoming; Rosset, 1999a, 1999b, 2001, 2002a, 2003; Losch, 2004.

10   Rosset, 1999a; Kwa, 2001.

11   Goldschmidt, 1978.

12   Lappe et al., 1998.

13   Leite et al., 2004.

14   MST, 2001.

15   Rosset, 1999a.

16   Via Campesina, 2003.

17 〈Government Negotiating Blocs〉(p.89)를 참고하라.

18 Bello, 2005.

19 Bello et al., 1999.

20 McMichael, 2004.

21 http://www.wto.org

22 소개되고 있는 역사는 대부분 월락과 우달이 정리했다. 2004; 맥마이클, 2004; http://www.wto.org; and http://www.citizen.org/trade

23 Gerson, 2002.

24 http://www.citizen.org/trade 참고.

25 예를 들면, Chase, 2003.

26 Zoellick, 2003, http://www.stoptheftaa.org

27 http://bilaterals.org와 http://www.stoptheftaa.org를 보라.

28 Bello, 2005.

29 Losch, 2004; Rosset, 1999a.

30 Losch, 2004; Rosset, 1999a.

31 http://www.viacampesina.org

32 Via Campesina 등; Via Campesina, 2003; Rosset, 2003; McMichael, 2004. Desmarais, 2002

33 예를 들어, McMichael, 2004와 Desmarais, 2002 참고.

34 〈People's Food Sovereignty Statement〉(p.125)를 보라.

35 Berthelot, 2003.

36 예를 들어, 《뉴욕타임스》의 논설 'The Long Reach of King Cotton'을 찾아보라(2005년 8월 5일).

37 Gillson 등., 2004.

38 Bello, 2005; Khor, 2005.

39 Becker, 2004.

40 Becker, 2004.

41 http://www.viacampesina.org

42 환경정화단체의 자료 참고(http://www.ewg.org/farming).

43 Allen, 2002.

44 다음 사이트를 참고하라.

http://www.oxfam.org/en/news/pressreleases/2005/pr051212_cap

45 Eurostat, 2003(1995~2000년 집계).

46 Wise, 2005b

47 Rosset, 2003.

48 Lilliston, 2004.

49 Wise, 2004a, 2004b.

50 Ritchie et al., 2004.

51 Ritchie et al., 2003, 2004.

52 Ritchie et al., 2004.

53 World Bank, 2003.

54 이 캠페인과 관련해 자세한 부분은 Wise, 2004b와 Berthelot, 2004를 참고하라.

55 http://www.nytimes.com/ref/opinion/harvesting-poverty.html?pagewanted=all

56 Wise, 2004b; Berthelot, 2004; Wright, 2003; Weisbrot, 2004 참고.

57 Ray et al., 2003.

58 Wise에 의한 요약, 2004b.

59 이메일을 통한 인터뷰(2009년 2월 9일).

60 Ray 등., 2003; Wise, 2004b; Hayenga와 Wisner의 연구, 2000; Heffernan과 Hendrickson, 2002; Hendrickson과 Heffernan, 2002; Murphy, 1999; Vorley, 2003; 기타 연구, 2003c.

61 Patel과 Memarsadeghi 편저, 2003.

62 IFAP, 2002; ETC Group, 2003c.

63 Krebs, 1999.

64 Wise, 2005b.

65 Wise, 2004b.

66 다음 연구사례를 참고하라. Lauck, 2000, Krebs, 1991.

67 이메일을 통한 인터뷰(2006년 2월 9일).

68 Ray 등., 2003.

69 Ritchie 등., 2004.

70 Ritchie 등., 2004.

71 Brusell, 2001.

72 이 글은 대부분 다음의 책에서 발췌되었다: WTO, 2004; Khor, 2003, 2004; Berthelot, 2004; Wallach and Woodall, 2004; Murphy, 2003: Green, 2003; Nadal, 2004.

73 Rosset, 200b.

74 다음을 참고하라.
http://www.ustr.gov/Who_We_Are/Bios/Richard_T_Crowder.html

75 Lappé et al., 1998; Rosset, 1999b.

76 Rodrick, 1999; Stiglitz, 2000을 참고하라.

77 Weisbrot and Baker, 2002; Weisbrot et al., 2002.

78 Yanikkaya, 2002.

79 FAO, 2000.

80 Carlsen, 2003b.

81 World Bank의 세계 개발과 관련된 데이터를 확인해보라
(http://www.worldbank.org).

82 Damian and Boltvinik, 2003.

83 De Ita, 2003.

84 Wallach and Woodall, 2004.

85 De Ita, 2003.

86 De Ita, 2003.

87 Wise, 2004b.

88 Carlsen, 2003a.

89 Ritchie et all., 2003.

90 De Ita, 2003; Henriques and Patel, 2003; GRAIN, 2004.

91 Carlsen, 2003a; Barkin, 2002.

92 Carlsen, 2003a.

93 Henriques and Patel, 2003.

94 Carlsen, 2003a.

95 De Ita, 2003.

96 De Ita, 2003.

97 MINSA는 코나수포 회사가 민영화되면서 1993년에 설립된 멕시코 회사로 곡물 수출과 관련되어 있으며 지분의 46퍼센트는 미국의 투자은행이 가지고 있다(MINSA, 2003).

98 Nadal, 2000. 토르티야 가격의 상승은 두 가지 영향을 끼친다. 신자유주의적 경제개혁과 함께 소비 보조금을 없애고, 국가 토르티야 공급이 단지 두 회사의 손에 집중되도록 한다.

99 De Ita, 2003.

100 ETC Group 2002, 2003a, 2003b.

101 Carlsen, 2003a.

102 Carlsen, 2003a.

103 Carlsen, 2003a.

104 Oyejide, 2004.

105 Berthelot, 2003.

106 IMF, 1999a, 1999b.

107 Lappé *et al.*, 1998; Rosset, 1999a.

108 De Grassi and Rosset의 글.

109 대부분의 사회단체들은 '우리의 세계는 판매를 위한 것이 아니다' (http://www.ourworldisnotforsale.org)의 멤버들이며 크게는 두 그룹으로 나뉜다. 한 부류는 정책적 대안 마련을 위한 씽크탱크이며 다른 한 그룹은 환경주의자 형태의 비정부단체인데 그들 대부분은 세계농민연대에 소속되어 있으며 비아 캄페시나 국제연대에 소속되어 있다. 제3세계 네트워크Third World Network, 액션애이드ActionAid, 옥스팜Oxfam 등 대부분의 NGO들은 더 나은 투쟁을 위해서 더 포괄적인 내적 연대가 필요하다고 믿는다. 식량 및 농산물과 관련된 무역협약들을 완전히 없앨 것을 주장하고 있는, 비아 캄페시나와 더 밀접한 관계를 맺고 있는 NGO들은 Agriculture Trade Network(http://www.peoplesfoodsovereignty.org)에 소속되어 있다. GRAIN, ETC Group, Global South도 같은 계열에 속한다.

110 Wise, 2004a, 2004b; Ritchie et al., 2003; Via Campesina, 2003; CPE and NFFC, 2004.

111 Naylor, 2000.

112 Wise, 2004a, 2004b; Ritchie et al., 2003; Ray et al., 2003; Via Campesina, 2003; Via Campesina et al., 2004.

113 이메일을 통한 인터뷰(2006년 2월 9일).

114 Ray et al., 2003.

115 Goh, 2004.

116 Lines, 2004.

117 http://www.agribusinessaccountability.org에 소개되어 있는 자료를 보라.

118 Murphy, 1999; Wise, 2004; Heffernan and Hendrickson, 2002; Hendrickson and Heffernan, 2002; Hendrickson et al., 2001; Patel and Memarsadeghi, 2003.

119 BBC, 2002.

120 CPE and NFFC, 2004; Via Campesina, 2003; Via Campesina et al. 2004; Via Campesina et al., undated.

121 GRAIN, 2004; Wallach and Woodall, 2004; ETC Group(http://www.etc group.org)과 GRAIN(http://grain.org)의 웹사이트를 참조하라.

122 그의 유명한 논평, 'WTO를 개혁하자는 주제는 말이 안 되는가' 를 보라. Bello, 2001.

123 WTO의 운영방법에 대한 심도 있는 묘사를 참고하라. Wallach and Woodall, 2004.

124 Bello, 2002.

125 Wallach and Woodall, 2004.

126 http://www.nffc.net에서 가족농업법이 제안하는 식량에 대해 살펴보라.

127 CPE, 2003.

128 Wise, 2004.

129 이 주제는 상당 부분 WTO에서 발췌하였다. 2004; Khor 2003, 2004; Berthelot, 2004; Wallach and Woodall, 2004; Murphy, 2003; Green, 2003; and Nadal, 2004.

130 Berthelot, 2004.

131 이 주제는 Fontagn?와 Jean의 2003년 논문을 크게 참고하였다; Losch, 2004; Green, 2003; Raghavan, 2004; Narlikar and Tussie, 2004; G10, 2004; Bullard, 2004; Via Campesina et al., 2004; 또 필자의 다양한 무역 관련 포럼과 국제회의 경험에 따른 것이다.

132 CPE와 NFFC, 2004.

133 Via Campesina, 2003.

134 http://www.nffc.net

135 http://www.cpefarmers.org/positions/en/17_171103.pdf

136 혹은 농장 수입조달을 위한 시장과 공적 지원금 사이의 관계에 따라 논의의 여지가 있다.

137 http://www.peoplesfoodsovereignty.org에서 2006년 3월 31일에 다운로드 받음.

- Allen, Mike. 2002. 'Bush Sings Bill Providing Big Farm Subsidy Increase', *Washington Post*, 14 May 2002.
- Agricultural Online News. 2002. 'Veneman Outlines Ambitious WTO Proposal.' Wire service report, 26 July 2002.
  http://www.agriculture.com/default.sph/AgNews.class?FNC=sideBarMore_ ANewsin
- Barkin, David. 2002. 'The Reconstruction of a Modern Mexican Peasantry', *Journal of Peasant Studies* 30 (1): 73-90.
- BBC. 2000. 'Trustbusters: A History Lesson', British Broadcasting Service, http://news.bbc.co.uk/1/hi/in_depth/business/2000/microsoft/635257.stm
- Becker, Elizabeth. 2004. 'WTO rules against US on cotton subsidies', *New York Times*, 27 April 2004.
- Bello, Walden. 2001. *The Future in the Balance: Essays on Globalization and Resistance*, Oakland: Food First Books.
- Bello, Walden. 2002. *Deglobalization: Ideas for a New World Economy*, London: Zed Books.
- Bello, Walden. 2005. 'The Real Meaning of Hong Kong: Brazil and India Join the Big Boys' Club'. Bangkok: Focus on the Global South.
  http://www.focusweb.org/content/view/799/36/
- Bello, Walden, Shea Cunningham and Bill Rau. 1999. *Dark Victory: The United States and Global Poverty*, second edition, London and Oakland:

Pluto and Food First Books.

• Berthelot, Jacques. 2003. 'Cancún: Subsidies for Agribusiness', *Le Monde Diplomatique*, September.

• Berthelot, Jacques. 2004. 'Ending Food Dumping: Taking the US and EU through the WTO Disputes Procedure after the Expiry of the "peace clause."' Preliminary draft of chapters 1 to 5 of an on-going work. See http://solidarite.asso.fr/actions/Agriculture.htm

• Brusell, Juli. 2001. 'Our Family Farms: a Final Requiem or a Route to Recovery?' Chicago: Conscious Choice, May 2001.
http://www.consciouschoice.com/2001/cc1405/ourfamilyfarms1405.html

• Carlsen, Laura. 2003a. 'The Mexican Farmers' Movement: Exposing the Myths of Free Trade'. Interhemispheric Resource Center,
http://www.americaspolicy.org

• Carlsen, Laura. 2003b. 'The Mexican Experience and Lessons for WTO Negotiations on the Agreement on Agriculture'. Interhemispheric Resource Center, http://www.americaspolicy.org

• Chase, Steven. 2003. '"FTAA lite" Seen as Deal-Breaker'. *Toronto Globe and Mail*, 19 November 2003.

• CPE. 2003. 'For a Legitimate, Sustainable and Supportive Common Agricultural Policy'. European Farmers Coordination(CPE),
http://www.cpefarmers.org/positions/en/17_171103.pdf

• CPE and NFFC. 2004. 'WTO Agricultural Negotiations in Geneva. A joint statement by the European Farmers Coordination(CPE) and the National Family Farm Coalition, USA(NFFC)'. http://www.nffc.net

• Damian, Araceli and Julio Boltvinik. 2003. 'Evolución y características de la pobreza en México'. Comerico Exterior 53(6):519-23.

• de Grassi, Aaron and Peter Rosset. Forthcoming. *A New Green Revolution for Africa? Myths and Realities of Agriculture, Technology and Development*. Oakland: Food First Books.

• Desmarais, Annette. 2002. 'The Via Campesina: Consolidating an

International Peasant and Farm Movement'. *Journal of Peasant Studies* 29(2): 91-124.

- de Ita, Ana. 2003. 'Diez años de TLCAN, impactos del capítulo agrícola del Tratado de Libre Comercio de América del Norte en la economía campesina y la soberanía alimentaria. Reporte para UNORCA, marzo de 2003'. Mexico City: CECCAM.

- ETC Group. 2002. 'Genetic pollution in Mexico's center of maize diversity'. Institute for Food and Development Policy(Food First), Backgrou nder 8(2): 1-4.
  http://www.foodfirst.org/pubs/backgrdrs/2002/sp02v8n2.html

- ETC Group. 2003a. 'Maize Rage in Mexico: GM Maize Contamination in Mexico-2years later'. *Genotype*, 10 October 2003.
  http://www.etcgroup.org/article.asp?newsid=409

- ETC Group. 2003b. 'Nine Mexican states found to be GM contaminated'. *News*, 11 Ocotober 2003. http://www.etcgroup.org/article.asp?newsid=410

- ETC Group. 2003c. 'Oligopoly, Inc.:Concentration in Corporate Power, 2003'. ETC Group, http://www.etcgroup.org/article.asp?newsid=420

- EUROSTAT. 2003. *Eurostat Yearbook 2003*. Luxenbourg: Eurostat.

- FAO. 2000. FAO Symposium on Agriculture, Trade and Food Security: Issues and Options in the Forthcoming WTO Negotiations from the Perspective of Developing Countries. Geneva, 23-24 September 1999. SESSION II b: Experience with the implementation of the Uruguay Round Agreement on Agriculture-developing country experience(based on case studies) 'Paper No. 3 Synthesis of country case studies.' Rome: Food and Agriculture Organization of the United Nations.

- http://www.wtowatch.org/library/admin/uploadedfiles/Agriculture_Trade _and_Food_Security_Issues_and.pdf

- FAO. 2003. *Agricultural Commodities: Profiles and Relevant WTO Negotiating Issues*. Rome: Food and Agriculture Organization of the United Nations.

- Fontagné, Lionel and Sébasten Jean. 2003. 'The WTO: In the Through of the Trade Round'. *La Lettre du CEP II* (France) 226:1-4. http://www.cepii.fr
- Gerson, Timi. 2002. 'What happened in Quito: The Nitty Gritty'. http://www.peoplesconsultation.org/newsletter/nov2002.html
- Gillson, Ian, Colin Poulton, Kelvin Balcombe and Sheila Page. 2004. 'Understanding the Impact of Cotton Subsidies on Developing Countries and Poor People in those Countries'. Draft Report. Overseas Development Institute, International Economic Development Unit, www.odi.org.uk/iedg/cotton_report.pdf
- Goh, Chien Yen. 2004. *UNCTAD XI : Calls to Break the 'Conspiracy of Silence' on Commodities.* Third World Network, TWN Report, 15 June 2004.
- Goldschmidt, Walter. 1978. *As You Sow: Three Studies in the Social Consequences of Agribusiness.* New York: Allenheld, Osmun.
- GRAIN. 2004. 'The disease of the day: Acute treatyitis. The Myths and Consequences of free trade agreements with the US. GRAIN, http://www.grain.org/briefings/?id=183
- Green, Duncan. 2003. 'The Cancún WTO ministerial meeting: A view from the sidelines'. *Trade Hot Topics Commonwealth* 30: 1-12.
- Han, Jungsoo. 1999. 'Korea rice liberalization. Trade & Environment Database(TED)', American University, TED Case Studies, Vol. 9, No. 1, Case Study no. 513. http://www.american.edu/TED/korrice.htm
- Hayenga, M. and R. Wisner. 2000. 'Cargill's Acquisition of Continental Grain's Grain Merchandising Business.' *Review of Agricultural Economics* 22(1):252-66.
- Heffernan, W. and Mary Hendrickson. 2002. 'Multi-national Concerntrated Food Processing and Marketing Systems and the Farm Crisis'. Annual Meeting of the American Association for the Advancement of Science, The Farm Crisis: How the Heck Did We Get Here?, Boston.
- Hendrickson, M., W. D. Heffernan, et al. 2001. *Consolidation in Food Retailing and Dairy: Implications for Farmers and Consumers in a Global*

Food System. Columbia, MO: Department of Rural Sociology, University of Missouri.

• Hendrickson, M. and W. Heffernan. 2002. Concentration of Agricultural Markets. Columbia, MO: Department of Rural Sociology, University of Missouri.

• Henriques, Gisele and Raj Patel. 2003. *Agricultural Trade Liberalization and Mexico*. Institute for Food and Development Policy(Food First), Policy Brief No. 7.

• IFAP. 2002. 'Sixth Draft Report on Industrial Concentration in the AgriFood Sector'. Paris: International Federation of Agricultural Producers.

• IMF. 1999a. 'IMF Concessional Financing Though ESAF'. Factsheet, Washington, DC: IMF. http://www.imf.org/external/np/exr/facts/esaf.htm

• IMF. 1999b. 'Status Report on Follow-Up to the Review of the Enhanced Structural Adjustment Facility', Policy Development and Review Departmen t Report, Washington, DC: IMF.

• Khor, Martin. 2003. *The WTO Agriculture Agreement: Features, Effects, Negotiations, and Suggested Changes*. Penang: Third World Network.

• Khor, Martin. 2004. *Preliminary Comments of the WTO's Geneva July Decision*. Penang: Third World Network.

• Khor, Martin. 2005. 'WTO Ministerial Outcome Imbalanced Against Developing Countries'. *Third World Network Info Service on WTO and Trade Issues*, 22 December 2005.

• Krebs, A. V. 1991. *The Corporate Reapers: The Book of Agribusiness*. Washington, DC: Essential Books.

• Krebs, A. V. 1999. 'Urgent appeal: effort to block Cargill/Continental sale public comment deadline at hand'. Agribusiness Examiner, No.50, 8 October. http://electricarrow.com/CARP/agbiz/agex-50.html

• Kwa, Aileen. 2001. 'Agriculture in Developing Countries: Which Way Forward? Small Farmers and the Need for Alternative, Development-Friendly Food Production Systems'. South Centre Occasional Papers on

Trade-Related Agenda, Development and Equity(TRADE) No. 4, 22pp., http://www.southcentre.org/publications/occasional/paper04/toc.htm#Top OfPage

- Lappé, F. M., J. Collins, P. Rosset, and L. Esparza. 1998. *World Hunger: Twelve Myths*, second edition. New York: Grove Press.

- Lauck, Jon. 2000. *American Agriculture and the Problem of Monopoly: The Political Economy of Grain Belt Farmin, 1953-1980.* Lincoln: University of Nebraska Press.

- Lee, Yong-Kee and Hanho Kim. 2003. 'Korean Agriculture after the Uruguay Round and World Agricultural Policy Reform'. Paper presented at the International Conference on Agricultural Policy Reform and the WTO: Where are we Heading? Capri(Italy), 23-26 June.
  http://www.ecostat.unical.it/2003agtradeconf/Contributed%20papers/Lee% 20and %20Kim.pdf

- Leite, Sérgio, Beatriz Heredia, Leonilde Medeiros, Moacir Palmeira, and Rosângela Cintrão. 2004. *Impactos dos Assentamentos: Um Estudo sobre o Meio Rural Brasileiro.* Brasília: Núcleo de Estudos Agrários e Desenvolvimen to Rural(NEAD).

- Lilliston, Ben. 2004 'WTO Ruling Against US Cotton Has Broad Ramifications for Farm Policy: Ruling Should Prompt Shift in US Programs to Lift Prices.' Press release from the Institute for Agriculture and Trade Policy, 27 April 2004, Minneapolis, MN.

- Lines, Tom. 2004. 'Commodities Trade, Poverty Alleviation&Sustainable Development'. Paper presented at the Common Fund for commodities session of UNCTAD XI in Sao Paulo, 15 June 2004. Amsterdam: Common Fu nd for Commodities.

- Losch, Bruno. 2004. 'Debating the Multifunctionality of Agriculture: From Trade Negotiations to Development Policies by the South'. *Journal of Agrari an Change* 4(3): 336-60/

- McMichael, Philip. 2004. 'Global Development and the Corporate Food

Regime'. Paper Presented at the Symposium on New Directions in the Sociology of Global Development, XI World Congress of Rural Sociology, Trondheim, Norway, July 2004.

- MINSA. 2003. *Annual Report for the year ended December 31, 2002.* Tlanep antla, Mexico. http;//www.minsa.com

- MST(Movimento dos Trabalhadores Rurais Sem Terra). 2001(manuscript). *Os Empreendimentos Sociais do MST.* Sao Paolo: MST.

- Murphy, Sophia. 1999. 'Market Power in Agricultural Markets: Some Issues for Developing countries'. Working Paper, TRADE, South Centre, http://www.southcentre.org/publications/agric/toc.htm#TopOfPage

- Murphy, Sophia, 2003. 'World Trade Organization Agreement on Agricultur e Basics'. Cancún Series Paper no. 2. Minneapolis: Institute for Agriculture and Trade Policy.

- Nadal, Alejandro. 2000. The Environmental Impacts of Economic Liberalization on Corn Production in Mexico. London: Oxfam and WWF International.

- Nadal, Alejandro. 2004. 'Ser vago en la OMC'. La Jornada(Mexico), 4 Augu st 2004.

- Narlikar, Amrita, and Diana Tussie. 2004. 'Bargaining Together in Cancún: Developing Countries and their Evolving Coalitions'. Manuscript, Department of Politics, University of Exeter, UK.

- Naylor, George. 2000. 'Help Family Farms, not Factory Farms'. *The Des Moines Register,* 11A, 13 January 2000.

- Oyejide, T. Ademola. 2004. 'African Trade Policy in the Context of National Development Strategies'. Paper prepared for presentation at ECA' s Conference of African Ministers of Finance, Planning and Economic Development holing in Kampala, 22 May 2004. http://www.uneca.org/cfm/2004/052204_African_trade_policy.htm

- Patel, Raj, and Sanaz Memarsadeghi. 2003. 'Agricultural Restructuring and Concentration in the United States: Who Wins? Who Loses?' Institute for

Food and Development Policy(Food First), Policy Brief No. 6.

- Raghavan, Chakrvarthi. 2004. 'WTO Agriculture Meeting Postponed'. *South -North Development Monitor*(SUNS list serve), 12 July 2004.

- Ray, Daryll E., Daniel G. de la Torre and Kelly J. Tiller. 2003. *Rethinking US Agricultural Policy: Changing Course to Secure Farmer Livelihoods Worldwide.* Knoxville, TN: Agricultural Policy Analysis Center, University of Tenessee. http://www.agpolicy.org/blueprint.html

- Ritchie, Mark, Sophia Murphy and Mary Beth Lake. 2003. 'United States Dumping on World Agricultural Markets'. Cancún Series Paper no. 1. Minneapolis: Institute for Agriculture and Trade Policy.

- Ritchie, Mark, Sophia Murphy and Mary Beth Lake. 2004. 'United States Dumping on World Agricultural Markets. February 2004 Update'. Cancún Series Paper no. 1. Minneapolis: Institute for Agriculture and Trade Policy.

- Rodrick, Dami, 1999. *The New Global Economy and Developing Countries: Making Openness Work*, Overseas Development Council.

- Rosset, Peter M. 1999a. The Multiple Functions and Benefits of Small Farm Agriculture, in the Context of Global Trade Negotiations. Institute for Food and Development Policy(Food First), Policy Brief no. 4.
  http://www.foodfirst.org/pubs/policybs/pb4.html

- Rosset, Peter M. 1999b. Food First Trade Principles. Institute for Food and Development Policy, Food First Backgrounder 5(2): 1-4.
  http://www.foodfirst.org/pubs/backgrdrs/1999/f99v5n2.html

- Rosset, P. 2000. 'The Potential of Small Farm Agriculture to Meet Future Food Needs'. *Proceedings of the Study Week on Food Needs of the Developing World in th Early Twenty-First Century, 27-30 January 1999*, Pontificia Academy of Sciences, Vatican City, The Vatican.

- Rosset, P. 2001. *Tides Shift on Agrarian Reform: New Movements Show the Way.* Institute for Food and Development Policy, Food First Backgrounder 7(1): 1-8.
  http://www.foodfirst.org/pubs/backgrdrs/2001w01v7n1.htm

• Rosset, Peter M. 2002a 'Access to Land: Land Reform and Security of Tenure'. Background Paper for the World Food Summit Plus Five, 10-13 June 2002, Rome. Rome: Food and Agriculture Organization(FAO) of the United Nations. http://www.landaction.org/display.php?article=179

• Rosset, Peter. 2002b. 'The Revolving Door: Industry and the US Governme nt in Agricultural Trade Negotiations'. Institute for Food and Development Policy(Food First), http://www.foodfirst.org/media/display.php?id=215

• Rosset, Peter. 2003. 'Food Sovereignty: Global Rallying Cry of Farmer Move mens'. Institute for Food and Development Policy, Food First Backgrou nder 9(4):1-4. http://www.foodfirst.org/pubs/backgrdrs/2003/f03v9n4.html

• Stam, J. M. and B. L. Dixon. 2004. *Farmer Bankruptcies and Farm Exits in the United States, 1899-2002*. USDA-ERS Agriculture Information Bulletin No. 788.

• Stiglitz, Joseph. 2000. 'The Insider: What I Learned at the World Economic Crisis'. *The Daily Telegraph*(London), 9 June.

• UNCTAD. 2004. *The Least Developed Countries Report 2004*. New York and Geneva: United Nations Conference On Trade And Development.

• USTR. 2004. *Trade Facts*, 4 August. Office of the United States Trade Repres entative, http://www.ustr.gov

• Via Campesina. 2003. 'It is Urgent to Re-orient the Debate on Agriculture and Initiate a Policy of Food Sovereignty'. Via Campesina, http://www.viacampesina.org/art_english.php3?id_article=275

• Via Campesina et al. 2004. 'Statement on Agriculture after Cancún: Peasants , Family Farmers, Fisherfolk and their Supporters Propose People's Food So vereignty as alternative to US/EU and G20 positions'. Via Campesina and oth er signatories, http://www.viacampesina.org/art_english.php3?id_article=286

• Via Campesina et al. Undated. 'People's Food Sovereignty Food and Agriculture Statement'. http://www.peoplesfoodsovereignty.org/statements/new%20statement/stat ement_01.htm

- Vorley, B. 2003. *Food, Inc.: Corporate concentration from Farmer to Consumer*. London, UK Food Group.
- Wade, R. H. 2004. 'Is Globalization Reducing Poverty and Inequality?' *World Development* 32(4): 568-89.
- Wallach, Lori and Patrick Woodall. 2004. *Whose Trade Organization? A Comprehensive Guide to the WTO*. New York: New Press and Public Citizen.
- Weisbrot, Mark. 2004. 'No Boost for Development in World Trade Negotiations' . Center for Economic and Policy Research(CEPR), http://www.cepr.net/columns/weisbrot/wto_geneva_8_03_04.htm
- Weisbrot, Mark and Dean Baker. 2002. 'The Relative Impact of Trade Liberalization on Developing Countries' . Center for Economic and Policy Research, http://www.cepr.net/relative_impact_of_trade_liberal.htm
- Weisbrot, Mark, Dean Baker, Robert Naiman and Gila Neta. 2002. 'Growth May Be Good for the Poor-But are IMF and World Bank Policies Good for Growth? A Closer Look at the World Bank's Most Recent Defense of Its Policies' . Center for Economic and Policy Research, http://www.cepr.net/response_to_dollar_kraay.htm
- Wise, Timothy A. 2004a. 'Barking up the Wrong Tree: Agricultural Subsidies, Dumping and Policy Reform' . Bridges 5: 3-5.
- Wise, Timothy A. 2004b. 'The Paradox of Agricultural Subsidies: Measurem ent Issues, Agricultural Dumping, and Policy Reform' . Global Development and Environment Institute, Tufts University, Working Paper No. 04-02.
- Wise, Timothy A. 2005a. 'Understanding the Farm Problem: Six Common Errors in Presenting Farm Statistics' . Global Development and Environment Institute, Tufts University, Working Paper No. 05-02.
- Wise, Timothy A. 2005b. 'Identifying the Real Winners from US Agricultural Policies' . Global Development and Environment Institute, Tufts University, Working Paper No. 05-07.
- World Bank. 2003. Global Economic Prospects 2004: Realizing the

Development Promise of the Doha Agenda. Washington: World Bank.

- Wright, Joseph. 2003. 'The $300 Billion Question: How Much Do the Governments of High-income Countries Subsidize Agriculture?' Center for Economic Policy Research(CEPR), http://www.cepr.net

- WTO. 2004. 'Agriculture Negotiations: Backgrouder'. Updated 20 April 200 4. http://www.wto.org/english/tratop_e/agric_e/negs_bkgrnd05_intro_e.htm

- Yanikkaya, Halit. 2002. 'Trade Openness and Economic Growth: A Cross-country Empirical Investigation'. *Journal of Development Economics* 72(2003) 57-89.

- Zoellick, Robert B. 2003. 'America will not Wait for the Won't Do Countries.' *Financial Times*, 22 September 2003.

인덱스